# 蒙面女人 漂亮男人

那些三毛沒告訴你的沙漠故事

林純如——作

# 寫在前頭——

這本書的背景發生在二〇一一至二〇一四年，沙烏地阿拉伯的東岸城市，緊鄰波斯灣的達曼。

地球上許多角落我們一生都不會抵達，更別說去想像遙遠一方的生活景象。然而，即使是最不為人知的角落，再完美、再怪異、再理想、再荒謬，人的處境都不會有任何差異。

我們各自發展出可能的生活情境，面對各自的困境，在這裡，和那裡。

推薦序——

# 問最簡單的問題，再慢慢回答它

唐諾

朱天心讀這本書時這麼說：「純如真是個會講事情的人。」——讓老牌小說家在她最專業處心生如此感慨，這於是不同於簡單的、一般意義的讚賞。

純如的文字飽滿但很乾淨，最重要是準確，線條始終是清晰的；準確、牢記初衷的文字讓敘述即便在最微妙、最不容易講清楚的時刻仍是穩定的、晶瑩的。真正動人的奧祕遠在書寫執行之前，來自於一個認真、專注，只想弄清楚發生了什麼事情的人——書寫是一門艱難的專業技藝，而最難的極可能是，你如何通過文字來想它並深深記住它，不是被文字（包含書寫格式）媚惑、拉動、拉走。

讀一下〈壞女孩〉那一段吧，那個半夜敲門求救、才十三四歲「天真／狡獪」（可見生命壓力來得多早、多大）的巴基斯坦女孩。

這本《蒙面女人．漂亮男人：那些三毛沒告訴你的沙漠故事》寫她在沙烏地阿拉伯異地三年，語調是思索的偏向批判，帶著堂堂的憤怒和深深不解——書寫的憤怒大致分兩種：一是生氣、牢騷、抱怨，個人的，我的權益被侵犯，這是較常見的，常見到幾乎是現代人唯一會的憤怒方式；另一種則是所謂的「義憤」，因為道理、價值、信念而生氣，憤怒上達應然、普遍、眾生的層面，不是我，或說不只因為是我，而是任何人都不該、不可以被如此對待，任何人也絕不該這麼對待別人云云，這愈來愈罕見宛如人們已失去的能力如錢永祥感慨的。純如會是哪一種呢？我認得、一道工作多年的純如是個不多說話、不爭的人，她喜歡沉靜待自己世界裡面。我因此想到漢娜．鄂蘭說蘿莎．盧森堡那番著名的話：盧森堡是二十世紀初極了不起的異議者、革命者，人們往往把她的堅毅不屈誤為狂暴，稱她「紅色蘿莎」，但其實，她愛花愛貓愛鳥，是個很溫柔很敏感的人，有夠好的學問，還對文學有極佳的閱讀習慣和鑑賞力，鄂蘭說，如果不是這個世界冒犯了她對自由和正義的想法和感受，蘿莎．盧森堡會一輩子只沉浸在生物學、歷史學、經濟學、社會學和哲學裡。

這本書若有什麼令人不安的地方，必定在於「政治正確性」——跨國、跨文化、還跨宗教崇拜的記述和思索，幾世紀下來的慘慟歷史經驗教會了我們得審慎，把絕大部分想講的話吞回去，這就是所謂的文化相對主義，以領頭闖禍的人類學為其核心（早期的人類學深深烙著帝國主義的罪惡印記）。粗糙來說，前往任何一個不同國度、社會、社群時，千萬記得把自身價值信念乃至於理性從行李拿出來，然後，任何你看到殘酷、駭人、慘不忍睹，乃至於除了不公不義難有其他解釋的事物（包含法律、宗教誡令、社會規範、風俗習慣，以及「人性」），都得努力視之為這一社會、這一文化（功能上的、或結構性的）得以順利延續運行、不可單獨抽走的必要構成成分。

然而，這樣的徹底文化相對思維論也必定引發另一側的不安，包含人最樸素的、不讓的、我以為絕不可能也不該被戒除的不安。《憂鬱的熱帶》這本書，純如在無事可做無處可去的沙烏地阿拉伯讀完的，書寫者正是大人類學家李維—史陀。李維—史陀觀察到一個有趣現象——那些田野工作時謹慎不發一言、甚至連表情都不敢洩露的人類學者，回到自身社會，往往每一件小事都跳出來大發議論還罵人，不是都該視之為所在社會不可更動的一部分嗎？還是我們終究相信世界可以更好更公義而且仍有基本的是非善惡？某些社會社群殺嬰或殘酷對待女性云云的情事，是功能的、結構的？還只是人的愚行惡事、甚或還是某種利益獨占的拙劣手段？

多年之後，（八十多歲的）李維—史陀這麼說：「我們稱之為『原始的』那些社團並非那麼原始，但他們希望自己真的是原始社團。他們自視為原始社團，因為他們的理想是讓自己停留在諸神或祖先在有始之初創造出他們的那種境地之中，當然，這是一種錯覺；這些社團絲毫不比其他社團更能逃逸出歷史的變遷。」——純如很知道這一無可遁逃的歷史變遷，她在沙烏地阿拉伯的女化妝室清清楚楚看到了。問題只在於：是無奈的變遷？還是人多少可以有所選擇、有著判斷和期待的變遷？

有一種書籍和書寫方式，我們曾俏皮命名為諸如「火星來的XX學家看XX」，意思是藉助某一雙外來的、新鮮的、不遮蔽的眼睛來重看我們已熟悉到無感的所在世界，重點是去除盲點，因著習慣、淡漠乃至於長時間無可奈何而遍在的盲點，問出看似較簡單、卻也最直接根本的問題。

這其實也是托爾斯泰的基本書寫方式，他複雜精細如狐狸千智的大小說，常常是從一兩個天真、天真到讓人幾乎無法回答的問題冷不防啟動的、打開的。只要是問題都是該問的，基本上，我以為沒有什麼不恰當的問題，只有不恰當的答案或說回答方式，會闖禍的是回答方式。

問最簡單的問題，再用幾年、十幾年乃至於一生的時間（閱讀、搜尋、思索、經驗……）來奮力回答它——我們可提醒自己這麼做，甚至讓它成為一種習慣。這本《蒙面女人．漂亮男人：那些三毛沒告訴你的沙漠故事》是個示範，也會是一種支持。

楔子——

# 除了自己的人生，什麼也不帶

旅行者的自負就是將埋頭走進未知……
最好的旅行是黑暗中的一躍……
如果是個熟悉又友善的目的地，有什麼好去的？

——全世界最具想像力的旅行作家　保羅．索魯（Paul Theroux）

§

如果你想從這本書看見一個偉大的旅行，你恐怕要失望了。

二〇一二那一年，一個多年好友以新加坡為起點，花了二年時間，經過十二個國家，一個人，一輛單車，一路騎到了倫敦，完成了一場偉大的旅程。我們各自在地球的兩端，於網路上相遇，當時，他正在倫敦，正要結束旅程返回新加坡。而我正在沙烏地阿拉伯展開旅程，離開了台灣。與他不同的是，我的旅程，將以生活的方式來呈現。與沙烏地阿拉伯這個遙遠而難解的名字不同，這本書說的其實是生活本身。然而，有些事情，就因為它是每天都逃不掉的生活場景，所以才更加的驚險，不是嗎？

曾經，一位飛往沙烏地阿拉伯的機長向乘客廣播：「各位先生、女士，我們將在幾分鐘之後開始下降，預計在五點十五分抵達利雅德機場。目前天氣晴朗，氣溫大約攝氏四十二度。現在與大家對時，利雅德的時間是下午四點二十九分，和我們有五百年的時差，請大家把時間撥回五百年前……」

這個機長來自俄羅斯，從此以後，這位俄羅斯機長再也沒有機會降落在利雅德。顯然沙烏地阿拉伯不喜歡這個笑話，然而，這個笑話經常被居住在此的異鄉人拿來自娛，因為叫人哭笑不得的現實，總是比笑話荒謬得多。

幾年前，我乘坐另一架飛機，不飛利雅德，飛往東岸的另一個城市，達曼。

我手上有三張登機證，台北到香港，香港到阿布達比，阿布達比到達曼。在阿布達比轉機前往沙烏地阿拉伯的時候，女人幾乎已經徹底消失。滿滿的男人中，整架飛機就三個女人，其中一個用頭巾包住頭髮，另一個身穿黑袍、包得只剩下一雙眼睛，我是唯一開放而明顯的目標，男人的目光從四面八方熱辣辣地向我掃來。

當我走出機場時，我在一堆移動的白色影子與黑色影子中認出了安柏（我的老公）的身影，半年不見，他所做的第一件事情，就是從背包裡拿出黑色罩袍，重頭到尾將我包藏起來。

從那一刻起，我知道我已經進入了沙烏地阿拉伯。

§

還記得第一次看見滿街黑影如鬼魅的膽顫心驚。女人隱身在黑布幕之後，她們沒有臉，沒有腳，在你身邊緩慢移動，她們和你說話，但是你看不見她們。

當宗教警察對著我吼著「蓋住妳的頭髮！」時，我看到一張我見過最恐怖的臉，那是糾結在一起的怒氣與仇恨，在我前往超級市場的路上，追在我身後。

不期然的敲門聲會出現在半夜，陌生的黑影幾乎與門外的黑夜融在一起，「我可以進來嗎？」一個十四歲的女孩向我央求著，她已經訂了婚又和異性來往，正在躲避父親的毒打與追捕。

死亡的方式有很多種，其中一種是青少年的死法。他們靠著開快車在高速公路上尋找自由，「開車很容易，連猴子都會開。」他們這樣說。只有手上的方向盤是沒有人可以剝奪的，在生與死的界限上，少年們找到了生命中缺少的瘋狂與刺激，平均一天有十七人死在通往意外的路上。

另一種死法是寡婦的死法。她在丈夫死去後生了一場病，必須出國開刀，但是她沒有辦法出國開刀，因為她無法出示有丈夫簽名的許可證明。她死了，死在沒有丈夫的簽名。

這是屬於沙烏地阿拉伯的驚險生活與日常。

然而對沙烏地阿拉伯人來說，有更加驚悚的，那就是今日我們習以為常又視為理所當然的熟悉場景，包括毫無節制的情慾與肉慾、到處都是的赤裸胸部、對女體公然的消費與利用、道德的敗壞、以及「酒精、毒品、性」的氾濫，種種這些，在他們看來都遠比公開斬首與石刑還要更加邪惡。

我無意於暗示哪一方才是真正的驚悚，只是我剛好來到了沙烏地阿拉伯，好死不死又讓我生活了三年，所以對沙烏地阿拉伯比較不公平一點。生活本身就充滿了驚悚的場景，在哪裡都一樣。

§

與所有旅行者的偉大夢想不同，我基於一個非常現實的理由來到沙烏地阿拉伯。這一切都要從一段婚姻開始說起。

二〇一一年，我與加拿大籍的老公安柏結了婚，兩人稍稍從各自的瘋狂旅行與不切實際的生活方式返回現實，當他說：「如果真的沒辦法，那我只好去沙烏地阿拉伯工作了……」時，其實是在開玩笑。

我和大多數的台灣人一樣，除了波斯灣戰爭、石油和阿拉這三件事，沙烏地阿拉伯是個什麼樣的地方，什麼也講不出來。但就是因為你什麼都不知道，才更值得一去不是嗎？

當我說：「我也要去！」時，安柏發現大事不妙，但是已經來不及了。

結婚本身其實就是一場人生大冒險，那是一種有過就很難再有的衝動，所以當一個人頭腦不清楚，另一個人也跟著昏頭的時候，很多荒唐的決定就會跟著發生，去沙烏地阿拉伯只是其中之一而已。

在一個對女人來說最困難的地方，展開最容易發生爭吵的新婚生活，這個看不到後果的決定，比我們過去所作的任何一場旅行，都還要驚險。

這趟旅程從一開始就出師不利，沙烏地阿拉伯給了錯誤的簽證，讓安柏成了非法拘留。當你問對方什麼時候可以拿到正確的簽證時，對方會回你「Insha Allah!」——如果阿拉希望，事情就會實現……

工作幾個月後，安柏的銀行帳戶被無預警地關了兩次，帳戶餘額回歸到 0.00。當你問對方帳戶何時會開啟、存款什麼時候會回來時，對方會回你「Insha Allah!」——如果阿拉希望，事情就會實現……

顯然這裡有我們無法理解的運作規則，我們也只能入境隨俗。我們開始害怕任何變動，當你找不到可以負責的人，即使是一點小變化，都會增加生活的不確定感，最後你也只能跟著他們念：「Insha Allah!」因為祈禱是唯一的方式。

某一天，沙烏地阿拉伯突然頒布了一項新政令，凡是無神論者，警察都可以當作恐怖分子逮捕，從此以後，只要在公共場所我們都會互相提醒對方，千萬不要聊到宗教，以免被送上反恐法庭。

§

所有居住在此的異鄉人都相信，俄羅斯機長的故事絕對不只是一則笑話，因為這裡有許多看起來像笑話的故事，其實都是真實發生過的事。

一個朋友在晚上走出餐廳，一邊抽菸一邊和友人聊天，抽完順手將菸蒂丟向一旁暗暗的角落，角落傳來「啊！」的一聲，原來黑暗中站了一群更黑的女人。

最壯觀的一幕出現在Shopping Mall的女用廁所。女孩們在鏡前排成一排，摘下頭巾與面紗，用各種名牌化妝品補妝，眼線、鼻影、口紅、修容……然後重新將自己包裹起來。

女人即使到了海邊，也是穿著黑袍下水，但你總是可以找到祕密基地看見比基尼辣妹，就像波斯灣附近藏了一間酒吧，只要他們信得過你，你就會得到一把鑰匙。

印刷品上凡是穿細肩帶、短褲或短裙的女模特兒，都被黑色麥克筆穿上內搭衣與內搭褲，或是整個人被塗黑，成了一縷幽魂。商場牆上的女模特兒個個被馬賽克侍候得臉部模糊，與此同時，隔壁賣性感內衣的店家生意奇好，一群用黑色布罩包裹全身的女人正在一堆螢光色系的丁字褲、透明薄紗、豹紋蕾絲、吊帶高筒襪中，挑選晚上的穿著。

從空白、沒有氣味、如同無菌室的外頭返家，打開電視，就是另一個世界。騎過鉛球的麥莉在MV中一絲不掛地在鏡頭前吐舌摸胸自我挑逗、碧昂絲在黑夜裡穿著薄紗全身濕透陷入嗑藥後的高潮、英國影集裡的男主角脫下女主角的內褲從背後進入逞慾。

當安柏問班上的學生家裡有幾個兄弟姐妹時，他被學生反問：「老師你是說我爸爸那邊的，還是我媽媽那邊的？」男人可以合法討四個老婆，但條件是，每個老婆都必須得到等同的對待。大老婆有房子，二、三、四老婆的房子也是跑不掉的。

每天早晨，我被自己咳醒，空氣中的沙塵無所不在，最後侵襲了我的肺，直到有一天，我打了幾個噴嚏後，開始上氣不接下氣，呼吸不到空氣。在醫院掛完號後，我和安柏必須分開等待，他進到男生的候診區，我進到女生的候診區，等到護士叫了我的名字，我們才重新會合，一起進到診療室。

所有的人不論老小，一到公共場所就被當成情竇初開的少男少女小心隔離，男人進到單身區（Single only），女人進到家庭區（Family only），有帶女人的男人卻可以進到家庭區與他人的女人共處一室。我總是誤闖滿是男人的單身區，因為那裡乾淨、明亮、視野良好、空氣流通，而家庭區總是幽閉、沉悶、密不透風、裝滿讓人想死的空氣。

血氣方剛的青年被認為是危險的。他們缺少和女生講話、搭訕、相處的經驗，但是他們都懂得到 Shopping Mall 閒逛看女生。一有機會，他們就使出全力吸引女生注意，卻如同小學生捉弄女同學般幼稚、笨拙、弄巧成拙，一不小心就變成了性騷擾。所以這裡的 Shopping Mall 警衛有一項特殊任務，那就是站在門口像糾察隊一樣，將沒有跟著家庭一起前來的青少年擋下來，不許他們進去。

就在男人找女人攀談會被警衛趕出去的同時，男人與男人卻可以公開地手牽手，一邊談心，一邊逛街。在這裡，同性戀是死刑，但是男人與男人卻比我在任何地方看見的都還要親近。

某一天，安柏在課堂裡播放了課本裡的一首歌：〈What a wonderful world〉。一個學生站起來大喊：「Haram! Haram!」Haram 是阿拉伯文「禁忌」的意思。「走開啦！」「閉嘴！」其他學生大喊噓他。於是他起身，走了出去，不讓這首歌汙染他的耳朵。十分鐘後，直到他確信這首歌已經播完，才再度走進教室，回到座位上。

被大喊「Haram!」的何止是公開的音樂，即使這個國家沒有一個人不是穆斯林，然而一到週末假日，他們也會和我們一樣驅車前往鄰近國家巴林去尋找在國內被「Haram!」的樂子，從沙烏地阿拉伯來的車子，總是把巴林的海關擠得水泄不通。

在沙烏地阿拉伯，表象的維持是必須的，在任何地方，表象的維持都是必須的。然而，不論我們怎麼維持，都不會有一個完美無缺的天堂。到底，那個不完美的世界，才是真相所在。

§

一開始，最初最初，我想要探索的是當地女人的處境，結果更叫人怵目驚心的，卻是自己的生活。

在這本書裡，安柏是一個重要角色。因為在沙烏地阿拉伯的生活裡，男人是一個重要角色。在這個國家，每個女人都需要一個保證人，而這個保證人，當然是男人。安柏是我的保證人，保證什麼呢？

在圖書館的借書證申請書上，我寫上的不是我的居留證號碼，而是保證人的居留證號碼，它還需要保證人的簽名，所以，我像個拿聯絡簿回家給家長簽名的小學生一樣，拿回家給安柏簽名。

沒有保證人的簽名，女人不能獨自旅行，不能單獨在旅館外宿，甚至不能踏出女子學校的教學大樓半步，彷彿女人都是孩子，無法對自己行為的負責。

如同女人身上的黑罩袍、黑頭巾、黑面紗與黑手套，每個人的住家都有一道高牆，阻隔男人的視線，為的就是不讓自己的女人被人看見。外面的人看不到裡面，裡面的人也看不到外面。

比起套上黑袍、包住頭髮、甚至蒙上面容、如鬼魅幽靈般出沒的女人，男人美得像是孔雀開屏。裙子般的白色長袍配上長髮般的頭巾，讓男人看起來非常女性化，他們必須小心翼翼，縮小動作，才不至於亂了整身裝束，然後宛如一個美麗倩影般，陰柔而優雅地端坐在咖啡館外頭，一邊將手上的菸高舉在耳後，一邊像撥弄長髮般，將頭巾撥到肩後去。

每到六月到九月，中午經常在攝氏五十度以上，當男人穿起清爽的白袍、配上紅白格子的美麗頭巾時，身旁的女人卻必須一身全黑裝束吸收烈陽的光與熱，如同遭到一種惡意的酷刑。

遇上虔誠的穆斯林男人，安柏將我介紹給他們，他們繼續緊緊盯著安柏談話，打死不願與我四目交接，如果安柏在這個時候走開，他們將會寧願低頭看著地面。在他們面前，我，這個他人的妻子，是個隱形人。

女人開車便犯法，很碰巧的，這個富有的國家並沒有便利的大眾運輸系統，女人唯一的移動方式，就是請另一個男人開車，那個男人必須是家族裡的男人，或者是計程車司機，並且，除非駕駛座上坐的是丈夫，女人不得坐在前座，否則將被視為妓女而遭逮捕。

所以安柏，我的保證人，掌握了我的行動自由，只因為方向盤在他的手中。當我可以獨自一人跨越好幾個國家時，我卻必須在這個國家毫無選擇地仰賴他、倚賴他。而我很快就會知道，一旦他成了我唯一可以抓取的浮木，我們的關係將會逐漸傾斜，我的獨立性也將在這一刻瞬間消失。

§

我們曾經讀過許多美麗的故事，尤其是那些遠走他鄉、到一個聽起來非常有異國情調的地方重新生活的旅外故事，這些故事都有一個共通點，它們神祕而遙遠，而且總是比旅人的出生地精彩、甚至優越。

一說起沙漠，我們很自然而然地想起三毛的撒哈拉沙漠，以及她與荷西美麗浪漫的異國婚姻生活，她的故事在我們腦中形成了一個完美的印記，以至於我們一想起沙漠，就想起了三毛式的沙漠，直到我親身經歷過沙漠生活之後，我才明白那只是一則神話。

每個人一聽到沙烏地阿拉伯這六個字都只提到它的巨大財富，直到我真正在這裡生活過後，我更加地確信，金錢根本不值一提，如果世上真有值得你花一輩子的力氣去追求的，那必定是自由。而自由需要代價。

到頭來，我還是學不會如何在上車的時候不踩到黑袍、如何在上廁所的時候不弄濕黑袍。阿拉伯女人穿起黑袍來長袖輕舞，我卻像奔逃中的布袋戲，迫不及待想逃回家中，扒開套在身上的魔咒。

三年後，我回到原來的地方，並且在第四年，重新體驗單身生活，並且像過去一樣，「自己」到「自己」想要去的地方，「一個人」在深夜出門，在大太陽下露出我涼爽的「大腿」與「手臂」……這些簡單而平凡的生活，在沙烏地阿拉伯的那三年都成了一種願望，甚至是奢望。

脫去黑袍後，我重新體會過去被我視為理所當然的自由，並且在一年後獨自前往東南亞旅行三個月。在那之前，關於沙烏地阿拉伯的記憶就像女人的黑影般追著我跑，我知道我要脫去的不只是身上的黑袍，於是我將它寫下來，接著把它拋在腦後，繼續前行。

我們各自踏上了不同的道路，各自展開了新的旅程，各自投入了下一個冒險，如果早知道我們最後必定得獨自上路，我還會不顧一切去走這一遭嗎？答案是會的。因為人的傻氣與天真並不是永遠的，如果你還可以作夢，那就是上天給你的最大恩澤。

我是這麼相信的。

· 沙烏地阿拉伯王國 Saudi Arabia

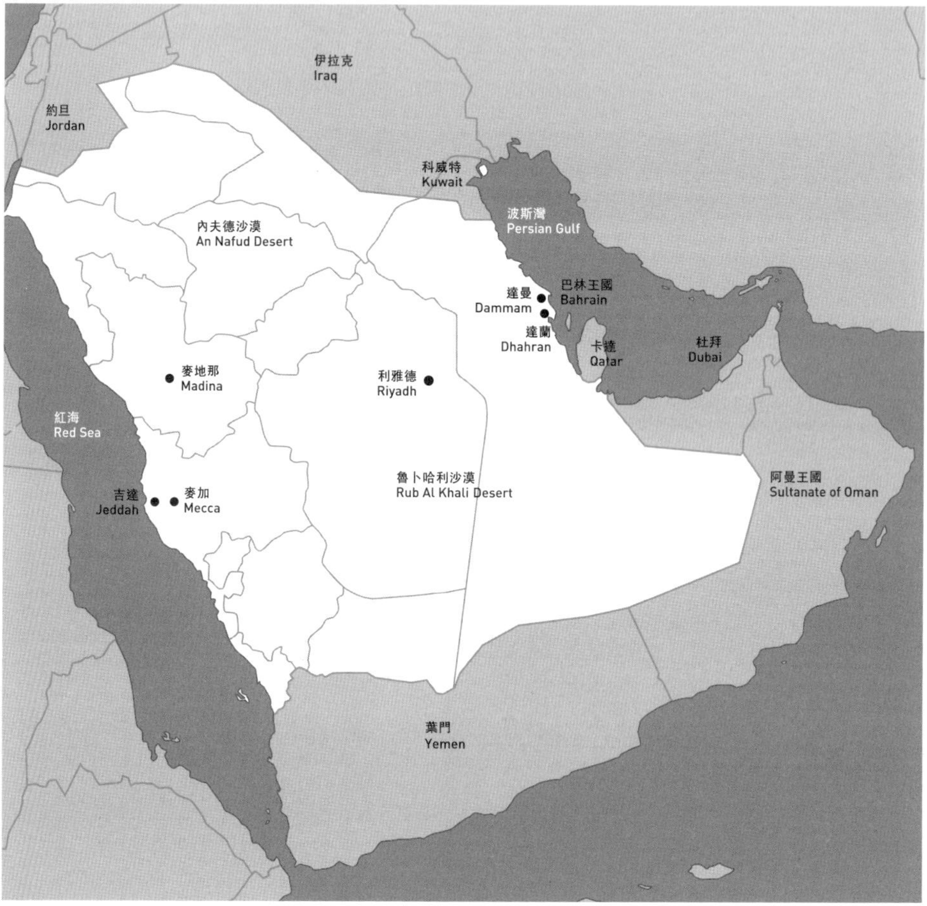

## • 達曼周圍 Around Damman

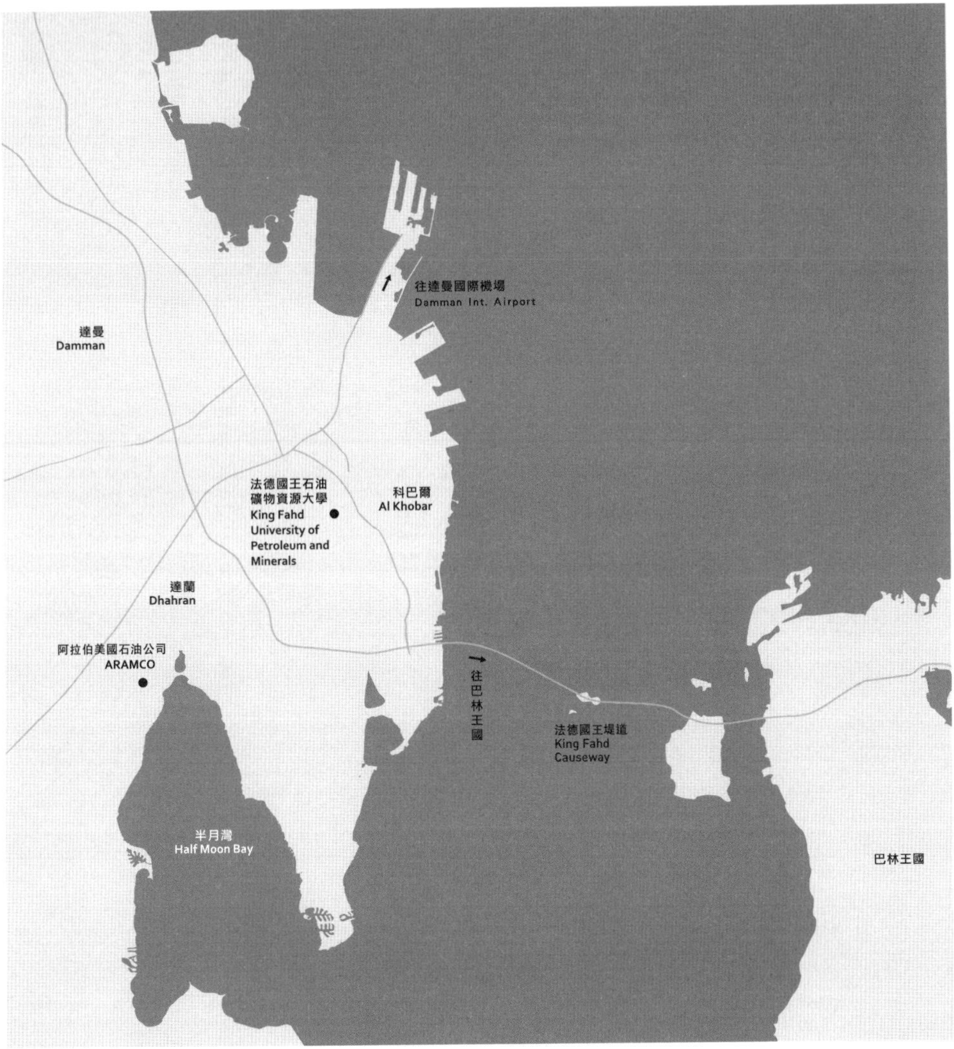

往達曼國際機場
Damman Int. Airport
達曼
Damman
法德國王石油
礦物資源大學
King Fahd
University of
Petroleum and
Minerals
科巴爾
Al Khobar
達蘭
Dhahran
阿拉伯美國石油公司
ARAMCO
往巴林王國
法德國王堤道
King Fahd
Causeway
半月灣
Half Moon Bay
巴林王國

# 目錄 Contents

## 第三部 圍牆裡的生活



## 第四部 來約會吧！



## 第五部 遠方來的人

第六部

## 讓我們四處晃晃

# 第1部

# 從這裡到那裡

01——

# 空白之地

臨行前，一個女性友人對我耳提面命。她曾經在旅行轉機的時候不小心降落在孟加拉，在那個伊斯蘭教國度驚嚇過度，包括被偷摸、被捏屁股、被丟石頭、被一群男人圍上來指指點點。在那裡，有教養的女人是不出門的，假使你真的在街上看見了女人，那麼你看到的不是棄兒、掃街的人，就是乞丐。天氣熱，她不願像瘋子一樣在高溫中層層包裹自己，後來索性就不出門了。

我笑著看著她，一臉天真。

她所說的世界，還是一個沒有用法律明文規定女性不得裸露身體或面容的伊斯蘭教國家，比起我要去的地方，那簡直是小巫見大巫。可惜我沒體認到這一點，反而興奮莫名。

那是一種充滿希望、帶著夢想的心理狀態。在正常的情況下，未知應當包含恐懼的成分，像大海一樣摸不著邊界，像女人的心深不可測，一旦往下跳就抓不到東西地往下沉。然而我們也都曾經有過這樣的時刻：當生活漸漸上了軌道、人生慢慢定型的時候，在某個早晨，就在你醒來的那一刻，你照常確認了你身在何處，從混亂的夢境回到你熟悉的人生，你想起了一切，你的國籍，你的住處，你的工作，你約好的飯局，你還沒有打的電話……然後毫無來由又無法解釋的，你突然對接下來可預期的日常感到厭惡，想從中抽離。

生活一旦安定就想有點變化，就跟身體遭到病痛渴望康復、精神受到折磨渴望死亡的道理一樣。你想要往下跳，渴望往下墜的速度，在這個毀滅性的時刻裡，絕對沒有什麼比未知更有魅力、更加美妙的事物了。那是一片空白之地，等著你用想像去填滿它，等著你把想要的未來種在你想要的地方。它給你一個作夢的機會，你什麼都無法帶走，包括你的過去與限制，你將如同一個嬰孩，重新學習爬行，學習走路，然後帶著無知，去作夢、闖蕩、經歷你未曾經歷過的人生。

在未知的領域裡，從來就沒有答案，這就是為什麼每一趟旅程總是如此的迷人，不管你去到什麼地方，只要是你不知道的地方。投向未知的大海看似瘋狂，然而對我來說，沒有什麼比一生都在同一個地方更加冒險與瘋狂了。

我是台灣人，安柏是加拿大人，在一個不成理由的理由之下，我們決定到沙烏地阿拉伯展開新婚生活。儘管如此，我們倆人不到最後一刻都不敢跟家人提到這個決定，理由非常明顯，畢竟「沙烏地阿拉伯」這六個字不是一個聽起來會叫人放心的地方，而關於未知的恐懼，家人永遠比我們更有想像力。

# 02 預告

我們的旅程以一場簽證風波拉開序幕。

完全不像那些頭戴遮陽帽、身穿條紋綿T與熱褲、腳踩楔形高跟涼鞋、手裡輕巧拎著一只四輪行李箱的女孩，對她們來說，旅行最完美的時刻已經在出發時完成，我們則如同兩個在夜裡匆匆抵達陌生城鎮的馬戲團小丑，一醒來就絆倒在腳下的泥濘，跌了個狗吃屎。

前往沙烏地阿拉伯，簽證是一個大問題。沙烏地阿拉伯並沒有所謂的觀光簽證，只有朝聖簽證、商務簽證、工作簽證與依親簽證。朝聖簽證要有母國伊斯蘭教教長的穆斯林證明，商務簽證與工作簽證都需要有沙烏地阿拉伯的擔保人（Sponsor），依親簽證就不用說了，只有安柏先拿到了沙烏地阿拉伯的居留證（IGAMA），我才有可能以依親的方式前往沙烏地阿拉伯。

聽起來並不複雜，複雜的是事實本身。如果沙烏地阿拉伯是個女人，那就是個拒人於千里之外的女人，任何想接近她的男人，都必須經過一番努力，費盡心思、時間與金錢。只可惜當初我們沒有這樣的認知。

我們無法同時前往沙烏地阿拉伯。二〇一一年七月，安柏處理掉了他的住處、工作、帳單、手機號碼，以及他多年在台灣生活的痕跡，獨自前往加拿大申請沙烏地阿拉伯的入境簽證，以便趕上沙烏地阿拉伯學校九月開學的時間。他的前腳剛走，我有一種難得清靜的悠閒，趕忙享受這暫時的單身生活，一心以為這只是短暫的分離，絲毫不知道沙烏地阿拉伯作為一個女人，會有多矜持。

在加拿大，安柏作了健康檢查，到警察局調出他沒有前科的清白紀錄，找了第二方認證他的學歷沒有造假，為了順利申請，他還聽從了朋友的指示，花了兩百塊美金找代辦公司去跟沙烏地阿拉伯大使館周旋，時間一天一天過去，簽證就是不下來。

正常情況下，兩個禮拜可以拿到入境簽證，除了安柏以外。「我們已經把你的文件送到沙烏地阿拉伯大使館了。」代辦公司要他耐心等候。三個禮拜過去了，四個禮拜過去了，安柏每個禮拜都到代辦公司了解情況。

「沙烏地阿拉伯大使館說，電腦系統有問題，所以簽證下不來。」代辦公司看見安柏來了，打電話到沙國大使館，大使館的回覆每次都一樣。

電腦系統的問題可以持續多久？有可能花到一個月的時間嗎？這到底是加拿大代辦公司辦事不力，還是沙國大使館創造出來的藉口？當時沒有人知道。直到我們真正居住在沙烏地阿拉伯，才知道兩邊都是無辜的。沙烏地阿拉伯大概是全世界最倚賴電腦系統的國家，基於種種原因，也的確會花一個月、甚至更久的時間去修復一個電腦系統，前提是，他們必須找得到問題和原因。

五個禮拜後，安柏終於拿到了簽證。一心以為惡夢終於遠離，滿心歡喜地飛到沙烏地阿拉伯，開始了他的新工作。和其他新進的同事一樣，他交出了護照，然後等待他的居留證。居留證下來後，我才能辦理依親簽證前往沙烏地阿拉伯。

兩個禮拜後，新進同事都拿到了居留證，除了安柏之外。他突然覺得，這一幕太熟悉了，和他申請入境簽證的情形一模一樣。他不敢相信舊事再度重演。

然而，這都還只是個前奏。

## 如果阿拉希望，事情就會實現

沙烏地阿拉伯到底有多大？它的實際面積將近二百一十五萬平方公里，相當於六十個台灣。但這其實是一個幌子，除了第一大城市利雅德、第二大城市吉達、第三大城市達曼、以及穆斯林的聖城麥加、麥地那這些我們叫得出名字的城市之外，沙烏地阿拉伯幾乎被岩石與砂土所覆蓋。如果沒有石油，整個沙烏地阿拉伯就如同空白之地，你很難看見半個人影，只有貝都因人帶著他們的帳篷與駱駝在這塊游牧荒地神出鬼沒，直到一九六〇年代中期，這個國家還有一半的人口都是游牧民族，這樣說，你應該了解了。

安柏獲得工作機會的地方，正是原油生產地，達曼。那是一個位於東岸的海灣城市，過

去（其實也沒有過很久）只是個小漁村，因為生產石油而快速發展成一個大城市。

安柏受聘於法德國王石油礦物資源大學（King Fahd University of Petroleum and Minerals），就如同它的名字，這是一個為石油而生的學校，在這個為石油而生的城市裡、為這個為石油而生的國家、培養為石油而生的當地人才。想要進入這所大學的學生都必須通過英文與數學的考試，安柏就在這所學校的學前課程裡教授英文，並且住在校園裡的教師宿舍。

學校開學後，安柏寄來一張照片。他站在宿舍的大門前，一個人孤零零地看著鏡頭。學校的宿舍區分為家庭區和單身男子區。在我抵達沙烏地阿拉伯以前，安柏都算是個沒有家庭的男人，因此很委屈地住進了單身男子區，苦苦期待哪天奇蹟發生，讓他的居留證降臨在他手上。

法德國王石油礦物資源大學建在一座嶙峋的小山丘上，四周一片平坦，如同一顆荷包蛋坐在高溫的平底鍋，雖然不高，視線卻毫無阻礙，天氣好的時候，可以看見遠方的阿拉伯灣（波斯灣）。

接下來幾個月發生的事情，讓安柏對這所學校的一棟大樓永生難忘。

「21號大樓」是辦理學校行政事務的大樓，也是辦理安柏居留證的大樓。大樓前有一道長長的階梯，相當於四、五層樓高。這是一道會讓你氣喘吁吁、愈爬就愈懂得謙卑的階梯，安柏每隔幾天就來爬一次，像一個尋道的練武之人，提前修練了在沙烏地阿拉伯生活必須具備的耐性與意志力。只要他一抬頭，「21號大樓」便高高在上。

「還沒有到，先生！」說話的是來自巴基斯坦的凱薩（Kaiser）。這裡動不動就叫男的先生（Sir），叫女的女士（Ma'am）。沙烏地阿拉伯青年的就業意願不高，更多時候，當地人喜歡聘用外國人，一來便宜，二來好用。如果你碰上的不是本地員工，那也許是一件好事，如果為你服務的恰好是個本地人，那通常意味著一個災難的開始，因為你通常看不太出來沙烏地阿拉伯人有在工作。

「到底是什麼問題？」安柏氣喘吁吁。

「我們不知道，先生！」凱薩一臉傷心。

在德文，Kaiser的意思是國王。安柏至今還記得這個巴基斯坦人的名字，因為他每隔幾天就來朝拜凱薩，覲見他的國王。

在這個國家沒有居留證意味著什麼？沒有居留證就等於沒有身分，安柏在這個國家等同不存在，學校也無法替安柏開薪水帳戶，每月發薪的時候，就是安柏在家裡藏錢的時候。這是其中之一的不便，往後他將發現更多。

爬了幾天的修練階梯，凱薩已經認得安柏了。一看到安柏，凱薩就一臉傷心。起初，安柏有些寬慰。是的，事情很糟，但至少有個傢伙為他感到難過。凱薩這樣可憐他，一定會盡快想辦法幫他解決的！可惜安柏誤會了，因為凱薩天生就有張傷心的臉。

一個月後，凱薩終於發現問題了：「機場海關把你的工作地點弄錯了。你是在達曼工作，在這裡教書，資料上寫的卻是利雅德的學校……」

既然駐加拿大的沙烏地阿拉伯大使館都這麼難掌握，那麼這個國家的海關當然也可能出錯了。雖然覺得很荒唐（畢竟一個國家的海關要出錯是一件多麼不容易的事），但是安柏很開心問題終於找到了，連忙按照凱薩的指示，把護照寄回機場更正，然後照樣每隔幾天就去爬修練樓梯，朝拜「21號大樓」，與傷心的凱薩國王見面。

「機場海關說沒有錯，可能是大使館弄錯了，先生！」兩個禮拜後，凱薩一臉傷心地說。

當時，學校剛好遇上一個禮拜的假期，同事們紛紛計畫前往臨近國家巴林好好喝一杯，擺脫這個沒有音樂、酒吧、電影院的無趣國家。安柏已經交出了護照，哪裡也不能去。雖說此時最需要喝一杯的就是他。

「那你能不能趕快打個電話弄清楚，請他們趕快更正……」一向很有耐心的安柏，早就失去了耐心。

「我們不能打電話，先生！大使館層級比較高，我們不能打電話過去，我們只能寫信。」

「什麼？寫電子郵件跟打電話的意思不是一樣嗎？」

「我們不能寫電子郵件，先生！是寫信，寫正式的信。」

安柏真的很需要喝一杯。他現在應該要在巴林的某間酒吧，而我就在他身邊，並且在他正要點第三杯萊姆酒時開始對他嘮嘮叨叨。應該要這樣才對。那個時候他還不知道，往後發生在他身上的倒楣事還多的是，直到我們有機會與其他異鄉人交談，才知道每個人都曾經和安柏一樣，以為自己是最倒楣的一個。

「那什麼時候會有回覆？」才一開口，安柏就知道自己在問一個不會有答案的問題。就像他的遭遇，從頭到尾都沒有答案。

「Insha Allah!」凱薩待在沙烏地阿拉伯久了，也沾染了這裡的惡習。當你求助的對象對你說「Insha Allah!」，你就該絕望了。

「Insha Allah」的意思是：「如果阿拉希望，事情就會實現。」這原是一句充滿人生智慧與哲理的話語，但一旦來到工作者的口中，就跟判你死刑沒兩樣，形同「你去問神啊！」，說了就沒他的事。

此等情境可以無限擴大為：「請問這個包裹要幾天才會寄到？」「Insha Allah!」「三天到得了嗎？」「Insha Allah!」「你什麼時候會寄出去？」「Insha Allah!」「你明天會來考試嗎？」「Insha Allah!」「可以準時到嗎？」「Insha Allah!」「記得帶筆來喔？」「Insha Allah!」「這批魚新鮮嗎？」「Insha Allah!」「可以吃嗎？」「Insha Allah!」

安柏非常生氣（誰不生氣呢？）。「明明就是你的工作，到底關神什麼事？」安柏把這句話吞了回去。在這裡，阿拉是萬能的。他帶著僅有的一點點理智，乖乖回去等候神的指示。

一直到這個時候，安柏都還不算了解這個國家的文化，直到他從凱薩口中得到了始作俑者、也就是沙烏地阿拉伯國駐加拿大大使館的回覆。

「大使館要你回去加拿大重新辦理你的簽證，先生！」凱薩照樣一臉傷心地說。

回加拿大!?他人都已經在沙烏地阿拉伯了。

他怎麼樣也想不到會是這樣一個結果，何況出錯的又不是他。他已經附上了所有的文件，跑完了所有煩人的申請流程，小心翼翼地確認每一個細節，花了白花的六百塊美金，還用多一倍的時間苦苦等待簽證……現在，還要他回到加拿大，重新再來一次？

他發現，從頭到尾他都無法阻止這件荒唐的錯誤。在加拿大申請簽證的時候，他已經附上了學校的合約，上面有學校的名字和地址，而且是用阿拉伯文寫成的，到底哪裡寫了利雅德了？當安柏拿到簽證時，上面滿滿阿拉伯文，他完全無從察覺，原來上面寫著利雅德。

從頭到尾，沒有一個人需要跟他道歉，沒有一個人需要為這件事負責，也沒有一個人需要承認錯誤。「如果阿拉希望，事情就會實現。」如果事情沒有實現，就是阿拉要你回加拿大。

「我要拿回我的護照，我要回台灣。」安柏堅持沒有神。

「你不能離開，先生！」凱薩一臉傷心地說，「在沙烏地阿拉伯，出國要有出境簽證，你沒有居留證，不能辦出境簽證，而且你的入境簽證在第六天就過期了，所以你現在是非法居留。」

看來神是要他死了。

安柏的同事陸陸續續從巴林的歡樂假期歸來，看見了一個又無助又氣憤又可憐的男人，這個男人跟坐牢沒有兩樣，被困在一無所有的沙漠，與新婚妻子分隔兩地，還被神欺負。

安柏遇上的荒唐事慢慢傳了出去，人盡皆知，大家紛紛發揮同事愛，邀請安柏到自己家裡去作客，逢人就提起他這個可憐的傢伙，還給他亂出主意。一個來自愛爾蘭的同事格拉姆曾經在英國教書，教到了一名沙烏地阿拉伯的高官，格拉姆說自己可以去拜託那位高官處理一下。大家甚至討論起這個國家是不是有收紅包的習慣。

最後連校長都知道了。校長把安柏找去，問了來龍去脈，打了一通電話，接著要行政人員寫一封信給駐加拿大的大使館，說這個可憐傢伙已經在工作了，不可能回到加拿大去。大使館終於回覆，同意重新發一張新的簽證給這個可憐人。

從夏天等到冬天，安柏繼續爬他的修練階梯，繼續朝聖他的「21號大樓」，繼續拜見他的國王，心裡反覆演練著同一個畫面，他希望看見凱薩的那一刻，凱薩一臉高興地對他說：「你的簽證到了！」

「Insha Allah!」可惜凱薩如同往常，一臉傷心。

直到一個月過後，安柏才終於拿到了簽證。那已經是二〇一一年的十二月底，學期已經過了一半，前前後後奔走了三個月，他終於可以正式申請居留證了。等他拿到了居留證、開始辦理接我過去的文件，再等我拿到了依親簽證、終於抵達沙烏地阿拉伯與他重逢時，已經是隔年二月的事了。

從二〇一一年九月到二〇一二年二月，搞了半年之久，這場阿拉主宰的災難終於落幕。安柏也不用再看凱薩那張傷心的臉了。

我們一心以為厄運已經遠去，完全不知道好戲還在後頭。

03

# 女人消失的過程

我把裝滿泡麵、豆干、海苔、罐頭、沙茶醬、維力豆瓣醬、保養品與中文書的行李抬上航空櫃檯旁秤重。二十五點六公斤。「林小姐，你的行李限重二十公斤，至少要拿五公斤出來喔。」我重新把行李抬下來，打開行李箱，審視裡面的內容物。裡面最多的是食物（至少得撐個四個月），最重的是書（休想在沙烏地阿拉伯買到中文書），最少的就是衣服了。往後，不管我穿什麼，出門都得用一件黑罩袍把自己包起來，實在沒必要帶什麼衣服。

我把沉甸甸的書拿出來背在身上，重新闔上行李箱，心裡祈禱你可不要掉啊。這些東西沒有一樣我可以在沙烏地阿拉伯買得到。順利的話，我將在十八個小時之後，看見它們出現在沙烏地阿拉伯的達曼機場，將它們從移動中的行李輸送帶上抬下來。

「請問妳一個人嗎？」

「對，一個人。」

「請問妳到沙烏地阿拉伯做什麼？」

「我老公在那邊工作。」

「請問妳有回程機票嗎？」

「沒有。」

空姐問得有點多了，不過她這樣問是正常的。畢竟一個單身女子，拿著一張單程機票，要去一個叫沙烏地阿拉伯的地方，的確是一件怪事。

「請稍等。」她從座位起身，跑到旁邊問了另一個空姐，然後回到座位。

「請再稍等一下。」她撥了通電話，好像我做了什麼壞事，即將被抓到一樣。

若非依親，單身女子不可能獨自進出沙烏地阿拉伯。這個國家並不需要觀光收入，沒有所謂的觀光簽證，就算拿到了商務簽證、工作簽證、朝聖簽證，只要是女人，都必須是團進團出，彷彿單身女人是一種淫穢的病種，會讓整個國家陷入瘋狂。

「讓妳久等了。」空姐終於掛上了電話，「這是您的登機證，祝您旅途愉快。」

看來我沒有罪。

我檢視手上的登機證，一共三張：台北到香港，香港到阿布達比，阿布達比到達曼。

## 奇異的阿拉伯半島

機艙裡的燈亮了又暗，暗了又亮。在香港前往阿布達比的飛行中，我用各種奇怪的姿勢睡了又醒，醒了又睡。有時候醒來是白天，有時候醒來是晚上。每一次醒來，位子似乎愈來愈小，椅子逐漸變著堅硬。即使習慣了長途飛行，我還是沒辦法用坐姿在飛機座椅上真的睡著。機艙彷彿有它自身的時空，自成一個國度，不論你是醒著還是睡著，耳邊飛行的轟轟聲從來不曾消失，以至於你睜開眼的時候，往往不知道你是睡著了，還是只短暫閉上眼一分鐘而已。機上的人在混沌的狀態下穿越了時空，前往另一個世界。

飛機抵達阿布達比上空時，座位上幾個西方年輕人漸漸騷動，起身整理行李，或是和後座的同伴大聲交談。腳下的阿布達比像是幻影般坐落在黃色土地與藍色海洋的交界處，它雖然位處貧瘠荒蕪的阿拉伯半島上，但是瞧瞧那些擁擠、現代又前衛的大樓建築，看上去就像是一座貨真價實的西方城市，唯有把機上這幾個白人也放上去，才沒有任何的違和感。直到阿拉伯空姐再度出現在走道，我才想起這架飛機要降落的是一個阿拉伯世界。她的眉骨突出，雙眼深深陷進眼眶，高聳的鼻子將兩隻眼睛一分為二，彷彿它們並不在同一個平面上。她戴著一頂黑色小帽，黑色頭巾從底下冒出代替她的頭髮披在巧克力色的臉頰兩旁。她走到我面前，用她畫滿圖騰的手跟我要回耳機。

和杜拜一樣，阿布達比像是專門為西方人打造出來的一場夢。昂貴、奢華、加上矯揉做作的東方情調，看起來就跟《慾望城市》電影版的續集一模一樣。住進奢華的飯店、有專屬的傭人供你使喚、在帳篷下飲酒作樂、穿著阿里巴巴的衣服騎駱駝……這些，都跟阿拉伯世界一點關係也沒有。這是阿拉伯版的迪士尼樂園，專門滿足西方人的幻想。如同杜拜的帆船飯店，充滿銅臭，俗不可耐。如果你以為這就是阿拉伯，那就跟你以為台北一〇一大樓就是台灣一樣。

至少杜拜和阿布達比很了解西方人要什麼。但也因此付出了相當的代價。違背自己的教條在自己的土地上開放飲酒就是最大的屈服。阿拉伯人很明白沒有酒，西方人是不會來的，若不是石油已經見底，萬萬不會走上這條路。尤其阿拉伯人的民族自尊心強大，視西方文化為洪水猛獸，對他們來說，被西方同化就跟自由性愛一樣可怕。阿拉伯聯合大公國的七個酋長國中，杜拜跟阿布達比向來有瑜亮情節，無奈杜拜石油量就是比別人少，幸虧杜拜商人會做生意，杜拜酋長心一橫，利用商業優勢砸錢打造杜拜神話，起初跟真的一樣，直到經濟不景氣波及杜拜，杜拜也陷入了困境。自此之後，每回七個酋長國開會，阿布達比酋長就要拿杜拜酋長來笑一笑。

杜拜的故事成了一個借鏡。在阿拉伯半島的所有伊斯蘭國家中，最不可能走上開放這條路的，很可能就是沙烏地阿拉伯。從它對觀光客可有可無的態度來看，沙烏地阿拉伯的儲油量肯定非常驚人。等哪天沙烏地阿拉伯也開始要搞觀光或是發展太陽能的時候，大家就知道怎麼一回事了。

作為七個酋長國中的第一名，阿布達比機場果然跟座城市一樣大。為了走到我的登機門，我幾乎從足球場的球門走到另一個球門，一路經過了西方人、中東人、亞洲人，然後又是西方人、中東人、亞洲人。像是在猜測下一輛經過我的車是什麼顏色一樣，我猜測著下一張與我錯身而過的臉孔：牛奶、木瓜牛奶、咖啡、黑可可、咖啡加一點牛奶、咖啡完全不加牛奶……各色人種以非常均勻的比例出現在這座機場。如果我是蒙著眼睛坐飛機來的，根本不會知道自己身處哪個國家。阿布達比機場就像是一個小小聯合國，到這裡工作的外來人口，恐怕比真正的當地人還要多。

一個中國女子身著紅衣站在自己紅豔豔的商場中，銷售毫無特色的中國商品。她頭頂上有一塊大紅布條，用中文寫著「龍年行大運」。我找了咖啡館坐下來，對面坐著幾個日籍空姐，她們躲在角落以日文交談，一邊補妝，一邊脫掉高跟鞋露出疲憊的腳底。與此同時，韓籍空姐從不遠處走來，說著自己的語言。阿拉伯男人穿著白袍，旁邊跟著一個或數個黑影，身後是無法停止奔跑的小孩。小孩以家人為圓心繞著整個機場跑，讓原本就不少的家庭成員顯得更多了。單身的阿拉伯男人獨坐在另一旁。你看得到獨坐的白影，但是看不到獨坐的黑影。

西方人以普世標準的打扮模糊了自己的面目，阿拉伯男人在人群中則是鮮明的存在。即使統一穿著白袍，你還是可以從他頭上戴的圓帽、刺繡頭巾全白頭巾或紅白格子相間的頭巾，判斷他是來自阿曼、巴林、沙烏地阿拉伯，還是其他伊斯蘭國家。有一種白色身影則無法辨別，他們什麼也沒穿，只以粗糙的白布包裹身體，如同用繃帶纏住傷口。你知道他們剛結束麥加的朝聖之旅，或者正要前往麥加朝聖，但是你對他們的來處一無所知，也許是印尼、馬來西亞，也許是坦尚尼亞的桑吉巴島、泰國的普吉島，也許是孟加拉、印度，也許是土耳其、巴基斯坦……穆斯林散布在世界各地，卻都有一個共同的願望，那就是在有生之年，前往他們的聖地麥加朝聖。現在，他們就像白鷺鷥一樣，單獨一隻，或是一整群，一下飛到這邊，一下走到那邊，散落機場的各個角落。

菲律賓籍的清潔工正在拖地，人群在他周圍來來往往。這座機場就像是一個膠囊裡的虛構世界，你不知道自己在哪裡，別人也不知道你是誰。他們不知道你來自哪裡，不知道你去沙烏地阿拉伯做什麼。他們只知道來中東掏金的亞洲女人愈來愈多，他們自以為可以很準確地判定，我是一個前往杜拜或巴林假工作真賣淫的中國妓女，只因我是一個有著中國臉孔的單身女子。

菲律賓籍的清潔工已經拖完了地，站在一旁，和我對看。不知道為什麼，在這樣的異國看見菲律賓人總會感到一陣安心。他們聰明而機靈，世世代代都在他鄉異地尋找機會，尋求出路。他們最懂得異鄉人的心情。很久以後，我重新回到這座機場，那一次，飛往沙烏地阿拉伯的班機將延誤五個小時起飛，我買了張阿布達比的國際電話卡想要通知安柏，卻不知道怎麼撥到沙烏地阿拉伯去。兩國的國碼與區域碼再加上電話號碼搞得我頭昏腦脹，我在公共電話前試了半天，挫折地環顧四周，看見一個菲律賓人正在拖地，基於直覺，我想都沒想就去找他幫忙。他二話不說，放下了拖把，拿著我的本子想了一下，走到公共電話前，加上幾個號碼再減去幾個號碼，果然就通了。

已經是不一樣的世界了。我已經跑得夠遠，遠到連最簡單的事情，都需要別人的幫忙。像是一個你偶爾在路上會看到，因為無助而面露惶恐的孩子。

然而，到目前為止，身邊的景象還算是一個正常的世界，直到我拿著最後一張登機證，準備去搭乘這趟旅程中的最後一架飛機。

我循著登機門的號碼，步下一道階梯，來到一個狹小的候機室。這個空間除了幾張椅子，什麼都沒有。這只是一個搭接駁車的過渡空間。時間一到，所有乘客就會像貨物一樣被運送到飛機腳下。我太早下來，只好坐在階梯上等。其他乘客慢條斯理地步下階梯，經過我的身旁。大夥沒地方坐，也沒什麼事可做，就站著發呆。更多的男人出現，緩慢步下階梯，慢慢填滿這個空間。等我意識過來的時候，這個什麼都沒有的空間，已經塞了滿滿的男人。階梯上，有更多的男人正緩慢地步下。

我下意識地跳了起來，像一個醒來發現自己在男校睡著的高校女生。不會吧。我仔細找了一下，一個……兩個……加上我三個，一架飛機就三個女人？這三個女人被包夾在滿滿的男人堆裡，其中一個用布巾包住頭髮，另一個一身漆黑，蒙得剩下一雙眼睛，再來就是我了，沒包頭髮，沒蓋臉。我突然很慶幸自己有穿衣服。女人消失了，而我是唯一的異類，不久前，我還以為像蓋棉被一樣用黑布蓋住自己的女人才是異類。

接駁車來了，我跟在一堆男人後面，走出了裝滿男人的空間。我身後跟著另一堆男人，隨我踏上了接駁車。車子開了，我與幾個男人分享著同一條直立的鋼條，以免在搖搖晃晃中倒向其他男人。我可以感覺到好幾雙眼睛，在我看得到的地方，我看不到的地方，視角斜邊隱隱約約的地方，從四面八方同時熱辣辣地向我掃來，彷彿我穿著比基尼。這些漆黑的眼睛彷彿在說，這個女人在這裡做什麼。

真有那麼一刻，我一度想著，我來這裡做什麼。這些男人不是阿拉伯人。多數都不是。他們有異常黝黑的臉孔，身形消瘦，神色黯然，怎麼樣都掩飾不住籠罩在他們身上的孤寂。他們眼神已經洩露了一切。他們都是異鄉人，來自巴基斯坦、阿富汗、孟加拉的窮鄉僻壤，或是說不出名字也沒有人在乎的山區。他們和家鄉大多數人一樣，即將前往一個富有的國度，用很便宜的價錢將自己賣給仲介，然後用另一種掙扎的方式生存。他們還不知道往後的命運。有關他們的故事，我也是往後才知道。

雇用非法勞工這種事每個國家都有，但是我不知道有沒有第二個國家可以像沙烏地阿拉伯一樣，擁有這樣不得不的理由：當地年輕人對工作興趣缺缺。不工作分很多種：一種是找不到工作，一種是沒有工作機會，一種是不想工作，一種是沒有能力工作；最具沙烏地阿拉伯特色的，很可能是後兩種。當地政府為了挽救青年的失業率，搬出雇用本地人為主的政策，讓外地人更難拿到工作簽證，同時規定雇主要雇用一定比例的本地人。殊不知本地青年安逸慣了，從小有女傭侍候，去學校念書還有錢領，去國外念書領得就更多了，工作滿一年，政府就發獎勵金獎勵你，哪裡還有工作的動機？雇主覺得本地人不好用，又雇不到擁有工作簽證的外地人，只好非法雇用外地人了。結果這個雇用本地人的政策，最後只是增加了非法勞工的比例。外籍勞工本就便宜好用，非法的更好剝削，簡直是更便宜更好用了。

往後，在一次又一次來到沙烏地阿拉伯的旅途中，在一班又一班前往沙烏地阿拉伯的飛機上，我將看到更多矮小、消瘦、有著孤寂神色的異地男人，前仆後繼的，隻身湧入這個國家。我只是一個看熱鬧的女人，在第一次的到來中，不知死活地與他們共乘一架飛機。空氣中混著咖哩味的汗水、為了掩飾體味的廉價香水、還有揮之不去的天然男性費洛蒙。

飛機進入沙烏地阿拉伯的土地、盤旋在達曼市的上空時，我還繼續想著，我來這裡做什麼？我沒有工作簽證，我沒有辦法在這個國家工作，也許我會和未來我在這裡認識的外國朋友一樣，在學校找一份工作，加入非法勞工的一員，然而工作並非我來這裡的主要目的。

我帶著一顆好奇的心前來。在這之前，沙烏地阿拉伯是個什麼樣的地方，我一點概念也沒有。翻遍了所有中文書籍，我也只得到搔不到癢處的皮毛，然而這並沒有阻擋我的腳步，反而更增添了我想一探究竟的興味。就因為一無所知，所以什麼事都可能發生。一想到這裡，腎上腺素就衝到了腦裡，滿腦子冒險的快感，刺激著全身。

我就像是個執意走入未知叢林的旅者，因為前方什麼都看不見而備受誘惑，就像《暗星撒伐旅》的作者保羅．索魯所說的，「旅行者的自負就是將埋頭走進未知……最好的旅行是黑暗中的一躍……如果是個熟悉又友善的目的地，有什麼好去的？」那個時候，一心想與未知經驗面對面碰撞的我，根本不知道自己會死得有多慘。

## 海關

達曼機場惡名昭彰。這裡並不需要應付大量的觀光客，除了本地人之外，會在達曼機場進出的大多是外來工作者，尤其以低階的外籍勞工為主。這個國家對外籍女傭與勞工的需求量極大。面對這一批一批瘦小、乾扁、有一張憂戚臉孔的外籍勞工，機場人員早已培養出爐火純青的蔑視態度，慢吞吞只是最輕微的把戲之一。

我被包夾在一整架飛機的男人之間，隨著他們走向海關，盤算著我該排在哪一列隊伍。海關有好幾個櫃檯，卻只開放了兩個。其中一個櫃檯空蕩蕩的，只有幾個用黑布蓋住的沙烏地阿拉伯女人，以及幾個正從包包拿出黑布包住自己的西方女人。另一個櫃檯已經排了長長的人龍，然後由整團整團前來的男人們接續在後頭。我很想投靠女人的隊伍，但是那個櫃檯只處理當地人和擁有居留證的人，我繼續乖乖留在男人的隊伍之中。

三十分鐘過後，長長的人龍沒有動過。一個穿著潔白制服的海關人員出現了，他肥肥的肚子溢出了腰帶，將白色上衣撐得平整。他在隊伍的前前後後來回走動，指揮著隊伍，像是一個剛當上班長的小學生，深怕有人質疑他的權威。他在人龍裡看見了我，把我挑出來，叫我排到最前面去，那裡已經有幾個同樣被挑出來的女人在等著。我擺脫了男人堆。對沙烏地阿拉伯人來說，看見一個女人混在男人堆裡是一件非常不舒服的事情，男女必須隔離。女人是弱者，所以女士優先。

到了最前面，我才終於知道櫃檯的海關人員在搞什麼東西。他們一邊檢查護照，一邊跟相鄰的櫃檯人員聊天，彷彿時間很多。檢查護照是讓聊天的空檔有事做。每人桌上都有一個小玻璃杯，裡頭裝著紅茶，所有乘客乖乖站在他們面前，看他們一邊喝茶一邊聊天。他們有空的時候會翻查一下你的護照。一個人員站了起來，隔著好幾個櫃檯，向最遠的那個人喊話。另一個人一邊笑，一邊把耳機塞進耳朵裡，我在他面前等著。他突然站了起來，抓起放在桌上的一包菸，跟其他人說他先去抽菸。

DHAHRAN RECREATION
P111

我向其他乘客看去，大家彼此看來看去，共同驚嘆這不可思議的一幕。我忍不住想，如果國門都已經是這幅景象，進了這個國家之後，又會是什麼樣的情況呢？

在一個吊兒郎當的海關人員面前，我像人犯一樣留下了十個手指頭的指紋。他叫我面對一個 Web Cam，拍照建檔。經過十幾個小時的飛行，我早已疲憊不堪，再加上被人像動物一樣晾在一邊，每個人都敢怒不敢言，所以面對鏡頭的時候，我的臉臭到不行。後來才知道，這張照片居然是未來放在居留證上的照片。不只是我，包括往後我所認識的外國朋友，我們的居留證上都有一張自己的臭臉。

好不容易走出海關，我迫不及待地推著行李往外走，另一個海關人員在這個時候把我攔下，要看我的護照。他翻了翻，想找出為什麼一個女人可以單獨來到這裡的原因。若非我有依親簽證，那的確是不可能的事。

我走出了機場，在一對黑色與白色的影子中，認出了安柏的身影。半年不見，他做的第一件事情就是從背包裡拿出黑袍，把我罩住，像是在幫我穿上衣服。從那一刻起，我知道我已經進入了沙烏地阿拉伯。

## 進入達蘭

從達曼機場前往達蘭，是一條筆直的道路平躺在一片平坦的沙地上。從高速行駛的計程車上，你可以看得很遠，卻好似什麼也看不見。除了幾頂帳篷孤零零地立在遠方，只剩下頭上的一頂藍天。天上沒有雲。安柏告訴我，路邊偶爾會出現駱駝。我緊盯著窗外，希望可以看見什麼，卻什麼也沒看見。計程車司機非常盡責地在高速公路上狂飆了二十分鐘，我開始為沒什麼變化的單一景色感到無聊。這片土地像是被上天收回了所有美麗的事物，只留下川流不息的車輛行駛在一片空無裡。我感到一陣鬱悶與窒息。

車子進入達蘭市區，空無的大地開始出現一些人造物，我開始又有些期待。新穎建築在空曠土地上稀稀疏疏不規則散落，新穎天橋從頭上飛過，新穎道路繼續在前方無限延伸，新穎車子與我們並肩而行。所有出現在車窗之外的景物，都不會比一個七十歲的老人還要老。除了一個新字，這些人造物毫無特色，讓什麼都沒有的大地更顯得孤寂。

七十年前，這裡還是一片沙漠，只有山和石頭，那個時候還沒有城市，城市是和石油一起被發現的。一九三一年，還只是個臆測，城市和石油都還埋藏在地底中。八年後，第一滴石油出土，城市也在一九三八年出現了。一夜之間，住宅、設備、商店、學校、市場、

銀行、現代大樓，以及大量的清真寺，迅速從平地升起，包括全沙烏地阿拉伯最現代化的高速公路。

沒有過程，沒有轉折，沒有過去，當然也沒有歷史。一座城市忽地從沙漠中升起，我揉了揉眼睛，我已經居住在此。然而一直到很久以後，一直到我寫下這段文字的此時此刻，我都還不覺得我看見的是一座城市。它看起來更像是臨時搭建起來的布景，沒有細節、沒有氣味、沒有生活記憶、沒有充滿悲傷故事的皺紋，像個新生兒，在布滿石油的沙地上爬行。

如果沒有石油，我所看見的一切都不會存在。包括達蘭市仍然在持續增加的十多萬人口，包括那些前來掏金同時打造了這座城市的孟加拉人、印度人、印尼人、尼泊爾人、巴基斯坦人、菲律賓人、美國人、加拿大人、歐洲人、南非人、澳洲人、紐西蘭人、埃及人、約旦人、黎巴嫩人、巴勒斯坦人、蘇丹人和敘利亞人。

會不會是我們誤會了？會不會它根本就不在這裡？會不會它只是一座巨大的海市蜃樓、一個從遠方傳來的影像，經過距離與光影的折射而出現在我們眼前？會不會在石油耗盡之後，它就會回到它原來的樣子，再度成為一片沙漠？

計程車司機薩伊是巴基斯坦人，他和家鄉大多數的青年一樣，離開家鄉的窮鄉僻壤到富裕的阿拉伯世界謀生，賺取一個月大約兩萬台幣的薪水。他即將在三個月後回鄉一趟，跟一個由父母挑選、他從沒見過的女孩結婚。他告訴我們這件人生大事的時候，車子正經過加華油田（Ghawar Field），那是截至目前為止，世界上蘊藏量最大的油田。他對著我指向窗外，像是在指著一座城市的起點，以你不能不知道的口吻說：「Aramco!」

## 世界儲量最大的石油公司：Aramco

其實我什麼都沒看見。我只看見一道沿著道路無限延伸的圍牆，牆的另一邊，有街道、有住宅，跟一個小城鎮沒什麼兩樣。

那就是了。這家石油公司大到有自己的街區。Aramco 原來叫「阿拉伯美國石油公司」，是美國人在這裡成功開採石油以後建立的。沒有開採技術的地主國沙烏地阿拉伯後來跟著有錢了，皇室揮霍了一陣子，就將它一點一滴地買回來，變成「沙烏地阿拉伯國家石油公司」（Saudi Aramco）。

就算是這樣，沒有美國人就沒有阿拉伯美國石油公司，這點至今仍然存在。沙烏地阿拉伯很努力地培養自己的人才，鼓勵年輕人就業，但是美國人至今仍掌握著最重要的技術，一向安逸的阿拉伯人一時還取代不了。從過去到現在，Aramco 一直都像是個從美國原封不動移植過來的小城市。

所有西化的阿拉伯年輕人都嚮往能進入 Aramco。它就像是沙烏地阿拉伯境內的美國夢。當一個阿拉伯人說他在 Aramco 工作，說的是他擁有高薪、住在美式的房子裡。當他走在美式街道時，可以看見穿細肩帶慢跑的女子，不會有人警告他不可以和家族外的女孩子說話、走在一起、或坐在一起，他將和住在 Aramco 裡的美國人一樣，過著和美國一模一樣的生活。

Aramco 在沙烏地阿拉伯無人不知、無人不曉，它代表富有、開放、自由與西方文化。美式的住宅、餐廳、公園、休閒設施、醫院、超級市場並不算什麼，有自己的電台和電視台也不算什麼，重點是被這個國家所禁止的教堂、電影院、西方文化社團等，都被允許出現在這個街區而不受宗教性教條的無理規範。除了滿地的仙人掌和禁止吸水煙的警告標誌外，沒有任何事能提醒住在裡面的人，他正身處在沙烏地阿拉伯。只要他不走出那道長長的圍牆，他就不用去面對那個宗教掌管一切的封閉世界。

這就是圍牆的作用，將它與外面的世界隔絕開來，如同此地一家比一家高的住宅圍牆，如同女人身上那件黑色罩袍，如同每個人道貌岸然的外表，用來遮掩不被外在社會所允許的愉悅樣貌。

對外國人來說，這個沙烏地阿拉伯睜一隻眼閉一隻眼容許在境內存在的小美國，簡直是太珍貴了，因為沙烏地阿拉伯的當地生活宛如一灘死水。即使是其他伊斯蘭國家的穆斯林，也多半對沙烏地阿拉伯本末倒置的作法不予置評。信仰的戒律原是為了心靈上的解脫，當它以律法的方式出現，不僅失去它原有的意義，還讓生活成為一場災難。人被逼得清心寡慾，卻是愈壓抑愈旺盛，只好逐起自己的一道高牆，外表淡定無趣，內心狂野得無可抑制。

出了圍牆，一切就不一樣了。

## 一牆之隔：法德國王石油礦物資源大學

小美國之大，薩伊花了一些時間才終於完全繞過。緊接在旁的，就是我們要前往的地方：法德國王石油礦物資源大學，一所沙烏地阿拉伯用來培養人才，以便全面接手Aramco的教學單位。

石油礦物資源大學也有一道牆，只是與Aramco的牆不同，這所大學的牆基本上沒什麼作用。除了少數英語教職人員，住在大學裡的大多是當地人或是來自其他伊斯蘭世界的阿拉伯人，也就是說，這裡過的是當地穆斯林的生活，換成我自己的話說，就是平淡無聊、毫無情趣的生活。

車子通過警衛室，進入學校的主要道路，一路被黃土覆蓋的沙漠景象突然就此消失得無影無蹤。車道兩旁綠樹成蔭，濕濕的草坪爬上了小丘，從另一邊溜下。旋轉的灑水器製造了幾乎不可能在這裡出現的下雨景象，運送水源的黑色小管線沿路鋪設，串聯著一棵又一棵龐大的綠色生命。

這片沙漠用一桶一桶的原油換來一桶一桶的金幣，又用一桶一桶的金幣將海水提煉成一桶一桶的淡水，毫不留情又毫無節制地重新灑回這片沙漠，將活生生的荒漠灑成了綠野，創造一片奇蹟，並且頗符合這座城市的性格。既然城市都可以憑空生成，綠洲當然也可以。

看見這幕綠油油的景象，我曾短暫生起一陣希望，我想我至少生活在一片綠洲之上，至少有點生氣有點色彩，沒想到車行五分鐘後，綠意竟漸漸消退，愈是往裡走，愈是乾枯荒蕪，還未抵達我們的職員宿舍區，就已經重新回到黃土覆蓋的沙漠景象，加上成群的黃色建築。原來，這所學校的綠色工程就跟這個國家的宗教傳說一樣，僅止於表面。

車子經過一處工地，「可惜啊！」安柏發出了一聲嘆。他說那裡原是一片重金打造出來的樹群與草皮，如今整個被挖土機剷除，重新回到空白之地。我看見那裡正在起大樓，裸露的鋼筋水泥向上穿出了鐵皮圍牆。愈往前行，我愈覺得這所學校看起來就像是一個大工地，在不合邏輯的綠色門面之後，便是一個未完工狀態，那裡是教職人員的住宿生活區，一般訪客並沒有機會看到，所以人行道因施工不停中斷，一旁新建宿舍的油漆刷到一半，興建中的球場裸露著水泥，地上散落著木頭、鐵釘與工具，一群小孩在充滿尖銳物的危險中踢球、奔跑。這邊在鋪路，那邊在挖地，風一吹就黃沙滿天地模糊了視線，沒完沒了地向遠方掘去。

如果安柏不說，我不會知道這所學校在這裡已經五十年了。這所學校顯然還在擴建中，如同它所坐落的城市。直到我在這裡生活了一陣子之後才知道，擴建僅是事實的一部分。任何一處嶄新完美、你以為剛完工的園景或道路，都可以在某一天的散步途中，突然回到一片爛土。黝黑乾扁又瘦小的外籍勞工重新綁上遮陽的頭巾，在灼人的烈日下日復一日地重複工作。他們的生命就跟這所校園一樣，在重建與拆除中度過，永遠沒有完工的一天。他們能拿的月薪永遠只有三百五十至六百沙幣（約二千八百至四千八百台幣），而人力仲介公司則在一年又一年的詭計中飽盡了私囊。

車子抵達了終點，我們在車道的盡頭卸下行李。我們走進與腳下黃沙融為一體的黃色建築群，宛如走進荒漠裡的小聚落。因為我的到來，安柏得以從單身男子宿舍區搬到有女人住的家庭住宿區。沒有小孩的我們，被分配在一個房間、一個客廳、一個廚房、一個衛浴間的一樓平房。意思就是說，如果我們有小孩，就可以換到更大的房子。換句話說，動不動就十個家族成員以上的阿拉伯家庭，住的是好幾層樓高、有前庭後院的獨棟別墅。當然，他們有他們的一區。

打開門的那一剎那，我撲了一鼻子的塵土氣味。住在沙烏地阿拉伯，基本上是門外門內都是沙。外面是粗沙，裡面是細沙。我很快地走了一圈，發現這個房子沒有窗戶。唯一

能讓空氣流通的地方，是位於客廳的落地窗。落地窗外是一個小庭院，院子不大，卻圍起了一道高得不成比例的圍牆。對了，又是牆。這道牆的作用，不意外地，和女人身上那件黑色罩袍的道理一個樣，就是不讓自己的老婆被別人看見。

外面的人看不到裡面，裡面的人也看不到外面。我突然明白了，總喜歡望向窗外觀看芸芸眾生的我，往後在無數個無聊的日子裡，將只能關在家裡，坐在庭院裡，仰頭對著一井天空發呆。連雲都沒有。

# 第2部

# 沙漠是一座迷宮

# 04

# 寧靜的波斯灣

初到此地，我誰也不認識，沒有人可以拜訪，我時常坐在客廳的落地窗旁，望著落在院子裡的光影。院子裡什麼都沒有，只有三面足以將世界阻擋在外的高牆。沙烏地阿拉伯的高牆與台灣的鐵窗有異曲同工之妙，一個怕老婆被看到，一個怕小偷，都是用恐懼之心囚禁自己。

除了陽光與藍天，唯一闖得進牢籠的是落在牆上的鳥。沙漠居然有鳥？生活在這個空寂之地，任何一個生命都叫我驚喜。種類繁多的鳥類擠在為數稀少的人工灌溉樹叢裡，彷彿飛過整片沙漠終於找到一個小小的綠洲，在寸土寸金的綠色地帶爭奪生活空間。

吃完早餐，喝完咖啡，陽光已經從一面牆移到另一面牆，熱氣翻騰了整著大地。一隻貓翻牆進來，在空空如也的院子裡，探索四方的疆界，然後再度翻牆而去。同樣的景象每天會重複出現，不同的貓翻牆進來，再度翻牆而去。

我在這裡第一個說上話的人，是一個餵貓的女孩。夜幕低垂，她就會出來餵貓。餵貓的地方，就在我們住處旁邊。我抵達此地還不到三十分鐘，看見門外一群貓咪包圍著她，就出去和她說話。她叫努達，從美國來到此地已經五個月，她是阿拉伯人，罩著黑色頭巾與黑罩袍的穆斯林。

這裡貓多，與阿拉伯人的宗教文化有關。穆斯林被教導要善待貓咪，伊斯蘭教還沒出現的時候，阿拉伯人也有膜拜金貓的習俗。「一共有六隻。」努達說。我想她的意思是固定會來吃的有六隻。她認識每一隻貓的個性，知道哪一隻很友善，哪一隻會怕人，而其中一隻已經變成她的貓。牠們不是家貓，但也不算野貓。許多人和努達一樣，喜歡在外餵養非親非故的貓咪，特別有緣的，就會跟你回家，貓咪吃飽以後，照常出外玩耍，興致一來，就到另一個家住幾天，來來去去，自由極了。我暗暗希望我也能交到一隻貓朋友，而事實的確如此。「這裡的人一定很喜歡貓吧。」我說。努達說不是，她說這裡的人怕貓，所以完全不去動，不撲殺，不干涉，因此到處都是。也因為如此，這裡的貓有自然的生命歷程，隨著季節交配繁衍，愛生幾胎就生幾胎，有時出去打獵，有時翻牆進來尋找免費的餐食。

很長的一段時間，看著空蕩蕩的院子成了我每日早晨的活動。一面牆，一井天空，隨著時間變化著光影，隨著意外訪客改變著空氣與空間。後來我認識了幾個朋友，便開始拜訪住在黃色建築群裡的朋友。一開始，我經常迷路，就算手裡握有明確的地址，也找不到一個可供尋找的依據。我驚覺，這些看似現代、極簡的建築群，如同它周遭的沙漠，只能根據天上的星象判定方位，簡直是座迷宮。這裡的建築彼此相似，卻又以不同的角度散落著，同樣的元素重複出現，密集而不規則地相互依偎，就算門上有號碼，也無法在空間上連續，我時常走著走著，就走到一個似曾相識又不盡相同的境地。

有一回，我收到一個聚餐的邀請，明明很近，卻鬼打牆般繞著圈子，找不到朋友的住處，來來回回走了幾次，最後靠著食物的香氣與沸騰的人聲找到正確的大門。走一回，忘一次。下次再來，我一樣在大太陽底下的高溫中焦急地兜著圈子，如同迷失在分不清方向的沙漠裡。我甚至在回程中，找不到自己的住家。每每以為到家了，卻發現那是外觀長得一模一樣的別人家。我不得不驚異社區設計的複雜程度，也不得不懷疑一個未曾被訴說的可能。這個迷宮式的設計，旨在不讓人一眼看穿地阻擋視線，不僅看不到別人的老婆，也看不見鄰居小孩的活動。你不知道穿過曲曲折折的高牆之後，有誰會從視線的死角冒出來？什麼時候冒出來？冒出來多久？於是你在這座迷宮遇見的每一個人，永遠都只是短暫的經過，彼此沒有交集，沒有對話，各自活在封閉的世界裡。

## 炎夏攝氏五十度

我一個人在家時，整個白天就像是一個無人的夢境。

就像愛斯基摩人為了躲避夜裡驟降的氣溫，趕在天黑前回家，這裡的人為了躲避白天灼人的光亮，趕在氣溫飆升以前回到冷氣房。我們所在之地達蘭，擁有全沙烏地阿拉伯的最高溫紀錄攝氏五十一點一度。因為靠海，加上空氣密度與濕度這兩個變數，體感溫度的最高酷熱指數紀錄是七十七點八度，那是發生在二〇〇三年七月。

大抵上，一天中只有兩個時段外頭會有動靜。一個是太陽剛升起，沙漠尚在加溫的時候。人們趁這個時候上班的上班，上學的上學。在毫無阻礙的曠野裡，太陽名副其實地從地平線升起，那顆巨人之眼，就和你的身高一般高，與你平視。陽光從遙遠的地方風塵僕僕而來，導致影子從你身上流出去，永遠追不回來。等沙地吸足了太陽的熱能，像整個大地瞬間微波般，外頭走動的人影就會消失得無影無蹤。這時整個世界都在閃閃發光，好似開門偷看就會刺瞎眼睛。空氣受到熱氣扭曲而嗡嗡作響，除此之外，悄然無聲，如同劇組收工後匆匆留下的蒼白布景，一片死寂。

我無法想像在沒有冷氣的年代，阿拉伯人是如何生存下去的。也許一到白天就攤在陰影下，什麼都不能做，也因此什麼經濟都無法創造。

六月到九月，是沙烏地阿拉伯最酷熱的時期，氣溫動不動就高達四十到五十度，中午經常在五十度以上，我與安柏從來不敢在這個時候滯留此地，趁著學校暑假來臨匆匆出境避暑去。暑假結束之後，大地依舊處於熱烘烘的火爐狀態，進到屋內，則如同進到一個密閉的小火爐，這個時候，打開冷氣也沒有用，通常得花兩天，才能把室內溫度降到身體感到舒適的二十六度。即使不是在最熱的季節，一到中午，冷氣還是趕不上氣溫上升的速度，導致清晨與夜晚我因為冷氣過冷而裹上毯子，到了中午卻又因冷氣不夠冷而汗流浹背。我相信沒有一家冷氣品牌敢在這裡吹噓自己的恆溫功能，因為那幾乎是不可能的事。

也許是因為負擔過重，我們家的冷氣一天到晚都在壞，正確地說，應該是這個屋子裡的東西一天到晚都在壞。有一陣子，我們幾乎天天打電話到維修部：「請問什麼時候可以過來？」「Insha Allah!」「早上可以過來嗎？」「Insha Allah!」「中午以前可以過來嗎？」「Insha Allah!」接著幾天都不見人影。但是，只要是我們的冷氣又壞了，「請問什麼時候可以過來？」「Now!」原因無他，這裡冷氣壞是會死人的。

僅僅只是外出去丟個垃圾，也會讓人感覺渾身著火，趕忙逃進冷氣房，如同逃離火場。也因為這樣，有些商店一到中午就會暫停營業，直到下午四點才再度開門。中午十二點到下午四點之間，沒有人會在外頭走動。

差不多是我準備晚餐的時間，外頭才又開始出現了聲響，恢復了動靜。互相結伴的媽媽們開始推著嬰兒車外出散步，孩子像是聽到下課鈴般奪門而出，解禁般的大呼小叫，恢復了大地的生氣。

住家的大門口外是一塊與鄰居共享的空地，孩子非常準時地出現在這裡，有時候我根據小孩的笑鬧聲知道煮飯的時間到了。他們的玩樂總是驚天動地：拉小貓的尾巴；拿石頭丟我家的門（偷窺你開門不見人影的蠢樣，然後耍人耍到底地再丟一次）；把我家的牆當作黑板，留下滿滿彩色粉筆的塗鴉印記；他們玩水就像洗澡，全身淋濕後留下一池子泥溝，離去時，將我家門口的夾竹桃扯彎了腰……孩子的玩鬧沒有底線，每每逼得手拿菜刀的我出門制止，試圖對阿拉伯孩子愛的教育，但除了NO、NO、NO之外，他們從來不知道我這個亞洲婦女想要幹麼，睜著一對圓圓的大眼說幾句調皮的阿拉伯語後，迅速回頭繼續唯恐天下不亂的粗野遊戲。他們玩過的地方，不留下災難現場是不可能的。

那是一天之中最舒服的時刻，巨人之眼重新回到了地平線。沙漠吸熱快，散熱也快。該放學的人放學了，該下班的人下班了，商家重新開門，一天之中的下半場即將開始。嚴格說，日落時分才是伊斯蘭世界一天的開始。伊斯蘭教曆法（Hijri）依據的是月亮，一如此地的生命節奏。邁向黑夜的阿拉伯人正在蠢蠢欲動，如同在黃昏裡傾巢而出的蝙蝠。青少年們恢復活力在球場上廝殺，男人跑步，女人走路，家庭出門辦事採購，商家直到半夜兩三點才打烊。

清晨與黃昏，就像沙漠裡的兩個魔幻時刻。人們在白天與黑夜的縫隙之間找到出口，溜出去玩耍，然後趕在時光之門關閉以前再度消失，把大地還給它自己，暮鼓晨鐘。

## 沒事就是好事

在這個寂靜到你懷疑有任何生命存在的地方，一點小聲響都足以讓人引頸期盼，心裡冀望著有什麼新鮮事發生。地理空闊與文化空白的地方，無聊時光總是太過漫長。然而，不用多久我就會明白，在沒有公眾生活的地方，一旦有什麼聲響，通常壞事多於好事。

某日夜裡，一個孩子的尖叫聲從遠而近，隨著踉蹌的跑步聲終止在門外的廣場。我和安柏原本坐在餐桌旁，被外面的爭吵與打鬥給驚動，帶著一種不知道發生什麼事的恐懼，把臉貼在大門旁的玻璃上。我們看見一個男人將一個青少年壓在牆上，大聲地對他吼叫。

安柏開門去和男人說話：「他是不是拿石頭砸你家的門？」那陣子，同樣也是晚餐時間，正在吃飯的我們時常被大門發出的巨大聲響給嚇著。打開門，只見一顆堅硬的石頭落在門外。連續幾天，石頭一回比一回大顆，而砸門的人總能及時消失。有回石頭被丟到院子裡，大小就跟一個孩子的頭一樣大，如果當時有人坐在院子裡，肯定頭破血流。新來的菜鳥總要被惡整一番，我們是新住戶，自然有人想看我們被玩的蠢樣。

男人回頭跟安柏說不是。這個孩子闖他的空門被逮個正著，正被他壓著找孩子的父母理論去。至於我們的生命安全，安柏只能去找學校警衛。「警衛說會常常過來巡邏。」除此之外也別無他法。我們不是唯一被砸門的一戶，青少年精力充沛，在清修式的環境裡無處發洩，只好玩起諜對諜的遊戲，做些與年齡不符的幼稚行為。也不意外。

嚇人的聲音聽多了，有時你真寧願什麼聲音都不要有。沒事就是好事，死寂就是一種平安。

這裡距離戰爭非常近，二〇一一年我們前往沙烏地阿拉伯之際，二〇一〇年發生的阿拉伯之春革命運動還在延燒。我待在沙烏地阿拉伯的那幾年，周邊陸續發生了利比亞內戰、敘利亞內戰，以及巴林的抗爭，緊接著就是ISIS伊斯蘭國的誕生。這中間還不包括沙烏地阿拉伯境內的幾起清真寺爆炸事件，一場發生在距離我們十分鐘車程內的超級市場內，一名阿拉伯人以長刀攻擊白人，以及同樣發生在我們週末固定去的科巴爾，另一名白人被幾個阿拉伯人毆打到住院的攻擊事件。頗具當地特色的，安柏的一個同事，因為表現糟糕、學校又無法直接開除他，於是就被調到科威特去教書。

有一陣子，我真以為戰爭又要開打了。通常是在早上，我會聽見飛機低空飛過的聲音。聲音之大，就像是從我的頭頂直接飛過，然後突然掉落在我頭上。又彷彿天空破了一個大洞，大氣都在震動。我出門向天空望去，又什麼都看不見。我從來都不知道那到底是什麼，猜想大概是軍機演習吧。那個時候，我便會想起我們所處的城市達蘭，正處於波斯灣戰爭的範圍之內。

波斯灣距離我們的住處僅有二十分鐘的車程。在無處可去的情況之下，幾乎每個週末我們都會到波斯灣岸邊看海。出了城市，不是大海，就是沙漠了。第一次從飛機上看見波斯灣時，只覺得它好藍好藍，如同藍寶石切割著黃色土地的邊緣，那個時候，我還不知道往後的日子必須如此的仰賴它。這片沙漠因為有海水的調劑多了點顏色，海風帶走了懸浮在空氣中的沙塵，也稍稍吹走我多次因為心靈沙漠化而造成的鬱悶心情。地理上的沙漠可以激起人生存的潛力，精神上的沙漠卻可以消滅你生存的鬥志。

在岸邊走走，到旁邊的星巴克喝咖啡，然後過馬路採買下一週的食材，是我們每個週末的固定行程。除此之外，我們也變不出什麼把戲。天氣好的時候，站在岸邊可以看見一座路橋從海裡來，又往海裡去，遠遠地浮在水氣上，那是沙烏地阿拉伯建來連接巴林的通道，彷彿巴林是屬於沙烏地阿拉伯的一座小島。達蘭與巴林如同一個國家裡的兩座相鄰城市，它們這麼近，近到二次大戰時，義軍要轟炸巴林，連達蘭也轟炸進來。達蘭離兩伊也近，每年夏天有從伊拉克吹來的沙塵暴，二十年前還有從伊拉克飛來的導彈，在波斯灣戰爭時落在美軍基地上，使達蘭成為聯軍死傷最慘重的城市。然而當我們站在波斯灣岸邊時，卻只看見波斯灣的海水一派平靜，平靜到如同一面鏡子，掀不起一點波浪或波瀾，正如一個內海該有的樣子，也正如岸邊每一個人在宗教統治的人性壓抑下該有的氣氛。

波斯灣岸邊的草地上，阿拉伯人以家庭為單位，架起自己的帳篷，鋪上地毯，隔起帳幕，生起烤肉的炭火，在天地之間野餐、吹海風，一坐就是一整天，直到夜幕低垂，才起身收拾起一地的家當，遷徙他處。即使已經進入現代化，阿拉伯人依舊喜歡游牧般的生活，只不過過去是騎在駱駝上，現在是騎在昂貴名車上。即使是在高速公路上，半路遇上美麗的夕陽，他們也會豪不猶豫地停在有車輛疾駛而過的路邊，搬下車上的配備，坐在圍欄與險坡之間，吃椰棗，喝阿拉伯咖啡，看著銅鏡般的太陽轉黃、轉紅、轉紫、轉灰，落入海面。

在一群阿拉伯人之間，我們總是唯一的外國人。有時我們納悶，其他外國人都到哪裡去了？才想起其他外國人都在如同Aramco圍牆內的小美國，他們通常都留在圍牆之內，享受如同在自己國家的熟悉氛圍，我們別無選擇，只好徹底融入了當地的生活。

多數時候，我們只對岸邊的海水匆匆一瞥，就因為高溫躲進一旁的星巴克。公開播放的音樂是被禁止的，所以咖啡館裡沒有所謂的情調，取而代之的是兒童在桌間的捉迷藏遊戲。一家人將餐巾紙、咖啡攪拌棒、餅乾屑與奶精空瓶撒落一地，自行回收餐具是真正的天方夜譚。我與安柏坐在滿是干擾的咖啡館裡，猛力啜著咖啡，死盯手上的書，試著遁入書的世界，讓靈魂出竅，脫離現實中的荒漠，營造不在場的錯覺。咖啡喝完了，我們也該清醒了，接著跨過一座長長的天橋，到我們下一個行程的地點：超級市場。

現實生活中的例行公事，居然成了把我們從無聊沙漠裡拯救出來的一塊浮木，無味又不可或缺。而那座跨過巨大馬路的巨大天橋將在未來的馬路擴寬工程中，一夜消失。我們細數著下一週的菜色，就像是在安排一整個禮拜的節目，努力在枯燥乏味的生活中生存下去。

05

# 我的黑袍

在台灣，出門的第一件事就是打扮自己。在沙烏地阿拉伯，出門的第一件事就是用一塊黑布把自己包起來。這塊黑布叫「Abaya」，是一種長罩袍，通常沒有腰身，原是伊斯蘭世界的女性傳統服飾，後來卻像遮羞布般，用來遮掩女性的身材曲線，好不去刺激或提醒男性聯想到性。Abaya可以是任何顏色，但是在沙烏地阿拉伯，永遠只有黑色。不管你是當地人還是外國人，只要是女人，出門就得穿Abaya。雖然我認為真正該遮的不是女人的身體，而是男人的眼睛。

沙烏地阿拉伯女人第一次穿Abaya的時間點，就跟台灣女人第一次穿胸罩的時間差不多。一個女孩轉變成一個女人，進入生命的另一個階段，同樣都是在宣告童年的結束，一個遮住了曲線，一個則凸顯了曲線。我很難想像，當自己的身體出現變化、胸部隆起、初經到來、旋即被告知必須將自己遮掩起來，是什麼樣的感覺。話說回來，每天穿著鋼絲

胸罩出門，似乎也好不到哪裡去。

我的 Abaya 肩上有暗紫紅色的刺繡，一路滾到袖口。除此之外，就是塊黑布。安柏一再強調這件 Abaya 非常不便宜，但是對我而言，它就是塊黑布啊。我遠在台灣的媽媽看見我在這裡拍的照片，連問這裡的人是不是很窮啊，為什麼女人只圍一塊黑布？這塊黑布將是我往後征戰沙場的外出服，從頭到尾就這一件。從台灣到沙烏地阿拉伯生活，除了逼得我廚藝精進之外，還省了我一筆治裝費。那時我還不明白穿得漂漂亮亮的再用黑布蓋起來是什麼意思，絲毫不知道女人在這裡唯一、僅有、最大的樂趣，就是在家裡打扮得花枝招展與前來參加 Home Party 的女人互別苗頭。

沙烏地阿拉伯看似沒有冬天，但也有冷的時候。這裡溫差大，比較涼爽的日子，可在一天之內歷經春、夏、秋、冬。二月天的早上八點，氣溫很低，安柏很早就出門了，我套上了我的黑色罩袍，步行到二十分鐘腳程的校內雜貨店買東西。我在 Abaya 裡頭穿了兩件毛衣、一件防風外套，頭戴毛帽，外加一副太陽眼鏡，一身要去滑雪的樣子。還是覺得冷。當我走出雜貨店，外頭已經轉變成夏天。走在大太陽底下，我渾身是汗，但實在想不到不脫掉外面 Abaya 而脫掉裡面外套與毛衣的方法，只好硬著頭皮走完回程。

第六天了，我還沒見過一朵雲。這是個沒有雲的國度，天空藍得乾乾淨淨的，天天如此。理當是一片荒漠，卻總會有幾塊人造綠洲像冒疹子般，在一片黃裡冒出一叢一叢的綠，沿著接引水的管線散亂分布。有水走過的地方就有生命，巨大的椰棗樹、蘆薈、仙人掌、灌木叢、長滿荊棘的花、火燒似紅到爆炸的花，甚至可以養出一大片草地。至於水沒有走過的地方，抱歉，就繼續一片荒蕪吧。有時走到某處，往左是一片綠意盎然，往右卻是一片黃沙滾滾，如同達利的超現實畫作。

出一趟門，原是酒紅色的靴子已經變成黃土色的靴子。如果再加上一陣風，變成土黃色的恐怕就不只是靴子了。我很快就能理解迎面走來的阿拉伯女人為什麼要蓋頭蓋臉的。我比較相信女人把自己包得密不透風是為了抵擋沙漠的摧殘，至少一開始是這樣的。這裡的風是熱的，還是顆粒狀的，如果毫無防備地出門，不是被太陽曬傷，就是吃個滿嘴沙。外國女人不必戴頭巾、圍面紗，但是我也有想把自己包起來的時候，尤其是沙塵暴來襲的時候。阿拉伯女人的頭巾與面紗，其實就是帽子和口罩，這身與幾千年前無異的古老裝扮，至今還是滿實用的。

## 蒙面女人・漂亮男人

雖然我不是很喜歡我的Abaya黑布，倒是挺樂意穿上男人的「Thobe」。阿拉伯男人穿的傳統長袍Thobe，通常是清爽的白色，天氣涼一點，還有厚質料的咖啡色或深色。男人非常喜歡穿他們的白袍，白袍就像他們的西裝，擋風遮沙塵，通風又不吸熱，即使男人沒有像女人一樣被規定外出服飾，他們還是很樂意穿著白袍出門，腳下趿著拖鞋，去上班、上課、開會、買菜、出國遊玩，或是在巴林的酒吧喝酒。一穿上白袍，不管你是大老闆、小司機，富人還是窮人，黑的還是白的，瞬間人人平等。大家脫了鞋進到清真寺，彼此肩並肩併成一排，更加沒有分別。這種平等概念非常迷人，迷人到讓人誤以為可以消弭種族歧視，讓許多黑人紛紛投入伊斯蘭的懷抱。

男人的白袍總是保持得非常乾淨，不管是學生、教授、店員，還是賣橘子的，我不曾在這些發亮的布料上看過一點髒汙。我不禁猜想他們家裡究竟有幾件這樣的白袍。當然一部分原因是他們並不從事挖地、鑽土這類容易弄髒自己的粗重勞動工作。他們不必把自己弄髒，他們只需要把環境弄髒，然後由那些容易把自己弄髒的人來清乾淨。

當阿拉伯男人穿著一身清爽的白袍，配上紅白格子相間、宛如寶格麗般時尚感十足的美麗頭巾時，他身旁的女人卻在大太陽底下把自己包得密不透風，一身漆黑的。誰不知道黑色最吸熱？讓女人在大太陽底下裹一塊黑布，看起來就像是一種惡意的酷刑，彷彿女人不會熱，不會痛，沒有感覺，也沒有主體，如同黑洞般不被看見的存在。

我原本喜歡走路，然而穿著黑袍、頂著四十幾度的高溫，我怎麼樣也撐不過二十分鐘。不知道從什麼時候開始，我開始不願意在大太陽底下走路。有趣的是，安柏的經驗與我相反，他覺得沙烏地阿拉伯的天氣比台灣舒服，溫度是高，但是乾燥，走再久也不會流汗，愛走多久就走多久。每當我開始抱怨太熱，他總是說：「不會啊！怎麼會熱？」說這句話的時候，他正穿著短袖與短褲，旁邊的我，則是一身全黑的長袍。在不好停車的地方，他把車子停得老遠，「從這裡走過去好了。」坐在駕駛座旁的我總會說：「近一點，再近一點。」有一回，他採用激將法，故意說我和阿拉伯女人一樣，不願意動。已經熱昏的我，隨即脫下身上那塊火刑般的黑布：「那黑袍你來穿，你穿，我就走。」他就乖乖閉嘴了。

我從來都不知道阿拉伯女人如何可以忍受這一切，就算是逼近攝氏五十度的高溫，我還是會看見她們緩緩走在大太陽底下，身上吸足了沙漠的光與熱。就算是身上著火了，她們也絕對不可能把黑袍脫掉。

比起女人，男人美得像是孔雀開屏。他們永遠在端詳自己。經過櫥窗玻璃、黑色車窗等任何反光鏡面會停下來的，永遠是男人。他們對著鏡中的自己左看看、右看看，多半是調整自己的頭巾。我非常驚訝於一個男人會願意在出門前花一番心思在頭上纏來纏去，只為了讓紅白頭巾呈現出完美的弧度。裙子般的白色長袍配上長髮般的頭巾，讓他們看起來非常女性化，他們必須小心翼翼，縮小動作，才不至於亂了整身裝束。他們老像個美麗倩影般，陰柔而優雅地端坐在咖啡館外頭，手拿著菸高舉在耳後，一邊與別的男人聊天（當然是男人，男女必須分開坐），一邊像撥弄長髮般，將頭巾撥到肩後去。對阿拉伯男人來說，頭巾是一個美麗的裝飾，只有在沙塵暴來襲時，他們才會突然想起頭巾原來的作用，趕緊拆下來摀住自己的口鼻。

女人的頭巾則非常盡責的，用最黯淡的顏色（想當然耳是黑色）讓女人看起來更加黯淡。它的功能只有一個：滴水不漏地遮住一頭長髮，與黑色 Abaya 一體成型，彷彿女人身上沒有一處不引起男人興奮。在伊斯蘭世界，女人的長髮是最性感的部位，要好好地藏起來。我曾經到東非坦尚尼亞同樣信奉伊斯蘭教的桑吉巴島旅行，那裡的女人完全按照自己的意志決定自己的裝扮，對自己的身體感到非常自在，她們穿著低胸細肩帶洋裝，露出黝黑的胸脯與臂膀，唯一堅持的，就是把頭髮包起來。

女人外出要不要戴面紗，到底應該包到什麼程度，多由家中最有權力的男人來決定。家裡比較虔誠的女人會被要求出門蒙上面紗，但也有許多女人是自發的。一位希臘太太卡崔娜的遭遇讓我匪夷所思，曾經有一個阿拉伯女人走向她，跟她說話，並且要她把臉蒙起來。

專門販售 Abaya 頭巾與面紗的店面有個統一的特色：整間店都是黑的。但即使是一塊面紗，也有千百種款式，端看妳想要包到什麼程度。可以看見額頭的？露出一雙眼睛的？或是連眼睛也蓋住的？最高境界便是連雙手都戴上黑手套，沒有任何縫隙可以看見一點點肌膚，如同整個人被簽字筆給塗黑，如果再加上一個白色面具，就是《神隱少女》裡的無臉男了。

如果可以選擇，哪個女人願意將自己打扮成無臉男？我總認為女人是被迫的，然而那是我一廂情願的想法。在我還未來到這個世界以前，女性朋友問我，如果這裡的女人都蒙面，妳也會蒙面嗎？我心想這是什麼問題。沒想到四個女性朋友之中，有兩個說會。問這問題的時候，我們在台北，台灣的首都。她們說，如果環境就是這樣，那麼蒙起來會比較安全。我大概可以想像，如果把同樣的遊戲規則搬到台灣來，大概有一半以上的女人會自動把自己藏起來。也許這一切與地域無關，與文化無關，與教育程度無關，與文不文明無關，只與一個女人的個體心靈有關。不是每個女人都願意、或者放心地向外界展現自己。

不管是黑色罩袍、黑色頭巾、黑色面紗，或是黑色手套，對某些女人來說，能蒙得住的，也只有她的身體。儘管包得密不透風，她還是有辦法展現她的女性特質。如果她只剩下一雙眼睛，那她就用那雙眼睛來展現性感，上面有她充滿心機的精緻眼妝，你看不見的地方，就是那雙眼睛的美麗延伸，帶著濃濃的香水味。她用高挺的鼻子撐起黑夜般的面紗，用遮掩身體的黑色罩袍營造自己的神祕感，勾起你更多想像空間。她不小心露出來的手腳肌膚在黑色的神祕背景下，一點點小動作都會引人遐想。瞧，她還踩著一雙紅色高跟鞋。想用服裝規定來遮掩她的魅力，真是白費工夫。

儘管如此，第一次看見一群只剩黑影的女人集體移動時，還是叫我膽顫心驚。那是在Shopping Mall，當地女人最愛去的地方。看見一群黑影在明亮櫥窗前游移，我感覺自己進到一個恐怖的奇異空間，像一個剛出生的嬰兒，一張開眼，發現自己置身在一個被黑影環繞的世界。她們沒有臉，沒有腳，在你身邊緩慢移動。她們和你說話，但是你看不見她們。如果讓自己的女人與女兒打扮成無臉男可以阻斷其他男人覬覦自己的財產，那麼我必須說，這個方法真的有效。安柏說，他剛來到這裡時，遇上迎面而來的女人，他連她們的眼睛都不敢看，不僅性趣全無，甚至寒毛直立。

我曾經看過一個奇妙的景象，一個包頭蒙面的女人從遠方喚住另一個包頭蒙面的女人，她們彼此寒暄、擁抱、親吻，看起來像是許久不見的朋友。從頭到尾，她們只露出一雙眼睛給對方，我完全不知道她們是怎麼認出彼此的。

不是每個人都有她們「就算你化成灰我也認得出來」的特異功能，受害最深的就是小孩子了。Shopping Mall 裡總是看得到和家人走散的孩子狂亂奔跑，鬼哭神嚎，他們怎麼樣也找不到自己的父母。對這些孩子來說，每一個穿白袍的男性都可能是他的爸，而每一個用黑布裹身的女人都可能是他的媽。人多的時候，只要小孩子一轉身，父母就會自動隱形。小孩子找得到父母才怪，於是只好一邊跑，一邊亂槍打鳥地奔向每個穿白袍黑衣的身影，然後在一次又一次的失望中，再度放聲大哭。這種小孩走失的戲碼我不知看過多少次，當地人更是見怪不怪，就連警衛也是一邊笑，一邊任由失了心智的孩子到處狂奔。我從未在這裡聽見任何廣播，警衛除了跟在孩子後頭看他亂槍打鳥，其實也幫不上什麼忙。

這種類似大家來找碴般找出你家人的遊戲，安柏也玩過一次。那次，他在 Shopping Mall

犯菸癮，走出門去哈口菸，留我在櫥窗前走走看看，等他回來的時候，才發現要在一堆穿著黑袍的女人之間找到老婆何其困難。在這種情況下，除非我看見他，他永遠也找不到我，就像那些走丟的孩子。所幸他並沒有穿白袍，我還看得見他。

弄丟孩子，不，應該是弄丟父母的孩子，後來終於找到了家人，父母對著狂奔中的孩子不疾不徐地說：「這邊，這邊……」收集到了一個孩子，再收集另一個孩子。兩個孩子緊緊跟在爸媽的身後，還在哭。想起心裡的委屈，其中一個男孩突然情緒潰堤，哭得更大聲了。

無論是白天還是晚上，黑色罩袍都是奇差無比的裝束。女人走在夜裡非常危險，不是因為治安不好，而是她們的隱身術實在太厲害了。要將穿著黑袍的女人從一片漆黑的背景裡挖出來非常困難，好幾次，我與安柏在行駛的車子裡面被眼前正在過馬路的黑影給嚇到，這個時候，就算我們卯起來打燈，也照不亮一個黑洞。一個與黑夜融為一體的黑洞。

一個朋友還因此差點燒死一群女人。那天晚上他走出餐廳，一邊抽菸一邊跟身旁的友人聊天，抽完就順手將菸蒂丟向一旁暗暗的角落，角落突然傳來「啊！」的一聲，原來那個暗暗角落站了一群阿拉伯女人。

穿上 Abaya 以後，妳很難有什麼大動作，更不用說跑步或是打球了，除了散散步，女人不可能從事什麼戶外運動。小女孩自由自在的人生，在穿上 Abaya 的那一刻正式終止。你很難看見活潑好動的成年女性，就像你很難看到一個不活潑好動的小孩。

黑色罩袍在阿拉伯女人身上，就像是身體的一部分，隨著她們的步伐，產生優雅的律動。黑袍在我身上完全不是那麼一回事。我已經習慣大搖大擺的動作，一天要扯開罩袍上的暗釦好幾次。這使得穿上 Abaya 的我非常忙碌，像是遮掩不小心露出來的胸部般，忙著把露出來的雙腿塞回 Abaya。

我始終抓不到訣竅，如何上車不踩到長罩袍？如何上廁所不弄濕長罩袍？阿拉伯女人長袖輕舞，我卻像奔逃中的布袋戲，迫不及待想逃回家中，扒開身上詛咒似的束縛。

我不知道這裡的女人會不會和我一樣，想念過去不用穿 Abaya 的日子。有時候，我與安柏會逃走般，開幾個小時車到附近同是伊斯蘭國家卻相對開放的巴林度過週末。光是不需要穿 Abaya 出門就讓我大大鬆了一口氣，像是在珍惜什麼般，珍惜著這看似理所當然的短暫喜悅。直到我的視覺漸漸適應了這裡的色彩比例：大量的黑（女人），大量的白（男人），與大量的黃（土地），我才漸漸看出了 Abaya 的好處。失戀過的女人都知道，

HALF
75%

黑色是一種防禦性的色彩，不僅有心理療癒的作用，還可以在心思混亂時，避免在穿搭美學上犯錯。沙烏地阿拉伯女人最幸運的一點，就是出門時絕對不會犯穿搭上的錯誤。或者說，她們根本沒有機會暴露自己的壞品味，幸運地避開時尚產業流行之後發生在全球的時尚災難。

如果我不曾到過這個國家，我不可能有這層認知。第一次從這個漆黑的世界，回到西化主流世界時，我人還在機場，視線就受到了衝擊。眼前突然一片明亮，人們身上花花綠綠的裝束重新回到我眼前，長的、短的、緊的、鬆的、美的、醜的、真的、假的……我赫然發現，我們花了那麼多的時間與金錢在逛街購物，最後，我們把什麼東西穿在身上了！

我們以為服飾店賣的東西都可以穿在身上，殊不知服飾店為了賣你更多東西，什麼東西都擺得上去。但是我們怎麼可能察覺呢？因為大家都這樣穿，不管你在哪個國家，在地球的哪一個角落，我們穿的都來自同一家全球連鎖服飾店。

這並不表示沙烏地阿拉伯女人不追求時尚，相反的，她們追求得可凶了。如果追求時尚也有條件，那麼她們全都具備。第一，男人並不喜歡女人外出工作，所以她們時間多。第二，男人為了補償女人失去的自由，通常都是給錢，所以她們錢多。第三，中東國家的消費力驚人，知名品牌與大財團都不會放過這裡，所以她們選擇也多。

她們不是不追求，她們只是把昂貴的衣服穿在黑布袋裡面。我看過最壯觀的一幕，是在Shopping Mall的公共洗手間裡。年輕女孩們在鏡前排成一排，各自拆下頭巾與面紗，面對鏡中的自己撥弄蓬鬆豐盈的長卷髮，仔仔細細地用名牌化妝品補妝。眼線、鼻影、口紅、修容，一個不放過。然後仔仔細細地重新用頭巾與面紗包起來，重回一身全黑的裝束，踩著名設計師的高跟鞋，將名牌包甩在肩上，高尚而優雅地回到外面的世界。還在洗手的我，看得目瞪口呆。與她們性感妖嬈的形象相比，我簡直就是個清純的小女孩。

06

# 住在塔裡的男人

每天凌晨四五點，我都會被一個男人的吼叫聲吵醒。聲音從外頭傳來，震天價響地鑽進臥房轟炸我尚未清醒的耳朵。「是清真寺的……」安柏起身去抽菸。我重新閉上眼睛，試著繼續作那個作到一半的夢，但是這個聲音繼續鬼叫，彷彿全世界都該醒了。等整個清晨終於恢復平靜，我已經完全清醒了，安柏也已經抽完了一根菸，爬回床上繼續睡。

這實在與我想像中的伊斯蘭唱誦相差太多。是，它本就跟教堂甜膩的詩歌或是佛寺深沉的低吟不一樣，但這個聲音，似乎跟呼喚內在神性也沒太大的關係，更不用說提升心靈層次了。我所聽見的，比較類似鬼吼鬼叫，不但無法帶我上天堂，還毀了我原本平靜的心靈，讓我陷入了一陣躁動、不耐與憤怒。這樣的滋擾，一天要來個五次，彷彿有一個為愛發狂的男人被關在清真寺的塔裡，上帝不許他離開，他也不許我們上天堂，於是每個黎明、中午、下午、黃昏與夜半，詛咒都會準時降臨。

直到我在別處聽到其他清真寺的叫拜聲，我才知道我們只是運氣比較差罷了。要聽見其他版本的叫拜聲不難，這裡的清真寺如同台灣的便利商店，轉角就可以看見，以確保每一個子民都可以聽到叫拜聲（買到東西），不管你在哪裡。

過去，清真寺的唱誦者必須爬上叫拜塔去叫人拜拜，現在科技發達了，叫拜者對著麥克風唱就可以了，因為塔上已經有了大聲公。即使是商場，或是電台，也都會播放自己專屬的電子叫拜版本。這些版本消除了我的疑慮，伊斯蘭教的吟唱音律有基督教詩歌的高亢，也有佛教念誦的低沉，同時又帶有粗獷的豪情，彷彿要將聲音帶往沙漠的另一邊，充滿游牧民族風情。

只是不巧，臨近我們住處的唱誦者是個五音不全的音痴，每一個轉音我都不知道他到底要落在哪一個音調上，每一句的起落我也數不出節拍，加上喇叭音量大到爆掉，他每一唱，我就擔心那根神經要斷了，必須摀著耳朵等他結束。如果我從頭到尾都不知道這是清真寺的叫拜聲，我真會以為誰家出了什麼事了？

§

穆斯林一天五次的禮拜時間是依據太陽移動的位置而定，有些地方太陽比較早出現，做禮拜的時間就會比較早一點，所以利雅德與達曼的禮拜時間會有些微的差距，夏天與冬天的禮拜時間也會差到半小時以上。太陽軌跡每天都在變化，禮拜時間也每天都在提前或延後。

以前的叫拜者必須整天觀察太陽的變化，時間到了便登塔一呼提醒大家。現代的叫拜者不需要再抬頭望天了，他們已經有一套經過精準計算的禮拜時間表，並且公告在報紙、網路上，子民們每天按表操課就可以了，不需要整天注意太陽的移動，全球的穆斯林都可以上網查詢自己所在地的禮拜時間，或是乾脆買一本類似日曆般的禮拜時間表，一年份的，一天撕去一張。

對非穆斯林的我們來說，禮拜時間理當與我們無關，但是這裡是地球上唯一規定禮拜時間必須停止所有交易活動的國家，於是不管是餐廳、商店、銀行、市場、藥局、郵局、加油站、理髮廳，一律得在禮拜時間關閉，深怕穆斯林們忙著賺錢而忘了做功課。

通常店家在關門以前，會先關燈暗示客人，接著就到處找客人，告訴你禮拜時間到了。這個時候你可要趕快決定是要買左手的東西還是右手的東西，趕著到櫃檯去結帳，如果

你根本還沒找到要買的東西，那麼你只能帶著一身挫敗直接退場，垂頭喪氣地守在門外，等待下一回合的反敗為勝。

如果你剛好在餐廳，而且已經點好了餐，甚至開始用餐，那麼恭喜你。燈會一盞一盞地暗掉，服務生會一個一個神隱，你仍被允許坐在餐桌上，在一片漆黑裡繼續用餐。大門會被鎖住，外面的人進不來，如果你想出去，可以從堆滿廚餘垃圾的後門出去。禮拜時間結束，燈重新亮起，服務生沒事一樣地再度出現，為你點餐，結帳。最慘的狀況是你剛抵達而禮拜時間才剛開始，這時一等就是三十分鐘以上。如果你剛好餓肚子，那麼你吃到的就是一肚子的喪氣。如果你剛好在戶外，那就要有被曬成肉乾的心理準備。如果你去的是超級市場，命運可能會好一些，因為超級市場是唯一在禮拜時間仍然大門敞開的地方，你可以進去，你可以在裡面閒逛，只是沒有人會幫你結帳。你一邊吹冷氣，一邊因為無聊將不太需要的東西放進購物車，對超級市場來說，禮拜時間可以增加營收。

如果我們不查清楚穆斯林的禮拜時間而貿然外出，通常只有兩個結果，一個是直接被鎖在門外，一個是事情辦到一半（東西買到一半）就被老闆趕出門。不管是哪一個，都會讓你一整天一事無成。當地人作生意神出鬼沒，有些中午十二點到下午四點不營業，有些下午四點就直接下班，有些一個禮拜七天都有不一樣的營業時間，一整個難以掌握。

一般來說，出一趟門撲空是正常，能順利買到一樣東西就要偷笑。

一天五次禮拜只是每個穆斯林都要做的五項功課之一，可見作為神的子民功課有多重。因為不想在睡夢中驚醒，我們從來不敢在睡前敞開臥房通往後院的門。好幾次，我們幾乎是被嚇醒，才發現臥室的門忘記關了。如果是冬天，凌晨五點多被叫醒，我會乾脆起床、烤土司、沖咖啡，在惱人的音波中清醒。但如果是夏天，凌晨四點多就聽見一個男人用擴音器大吼，我只能把頭埋進枕頭裡，一邊哀嚎一邊咒罵。

這麼早，穆斯林真的都會起床做禮拜嗎？做完再回去睡嗎？我問安柏的學生。沙烏地阿拉伯的學生大致上和我們所知道的學生差不多，喜歡滑手機，喜歡蹺課，喜歡熬夜看下載的最新好萊塢電影。「你們真的每天會做五次禮拜嗎？」「會啊會啊。」「凌晨四五點做完禮拜再回去睡覺嗎？」阿杜拉和阿里兩人對看了一下，尷尬地笑了出來，「沒有沒有，不可能。」「我們會晚一點，起床再做……」這兩個人大概早上十一點才會起床。

除了清真寺，這裡的辦公大樓、商場甚至是機場、火車上都設有禮拜室。幾乎隨時隨地都可以做禮拜。即使身處戶外，只要地毯一鋪，朝著麥加的方向，鞋子一拖站上去，就是一個小禮拜室。就算沒有地毯，只要看見有人閉眼低頭、雙手交握、或跪或拜、起身

又跪下、嘴裡喃喃有詞，其他穆斯林就會加入他的行列。所以基本上並沒有場域的限制，不管你人在哪裡，全球的穆斯林都向著地球的同一個位置，就地就能祈禱。但是在沙烏地阿拉伯工作的外來者比例甚高，通常我們所看見的店員都是菲律賓人、印度人、或是巴基斯坦人，他們趕完客人、拉下鐵門後，也會和我們一樣在外面枯等、抽菸、打屁、殺時間。

Shopping Mall 的禮拜室通常就設在洗手間旁。我以為禮拜時間大家都跑去做禮拜了，但一進廁所才發現，阿拉伯女人其實也和我一樣趁著商店關門的時間排隊上廁所。當我往禮拜室裡瞧，坐著聊天的人總是比跪著拜拜的人多。上完廁所以後，她們和我一樣，坐在奢華高檔的光潔地板上，眼巴巴望著櫥窗像是望著愛人位於閣樓的窗戶，盼望它開啟的那一刻。儘管我只是想買一雙襪子罷了。

在這個西化如此徹底的年代，阿拉狠狠甩了資本主義一巴掌。撇開生活上的不方便不說，看著叱吒全球的名牌精品店時間到了還是得乖乖關門，簡直是世界奇景。不管你的資產多大，稱作「Muttawa」的宗教警察還是最大。宗教警察別的事不做，專門像黑道一樣巡視自己的地盤，看哪個女人沒有蓋住頭髮、哪個男人跟女人搭訕說話，還有哪個店家敢在禮拜時間開門做生意，若是被發現了，就不用再那麼麻煩地開開關關了，可以準備關店休業一陣子了。

除了一天五次的禮拜時間，連禮拜五早上也是禁止營業的。伊斯蘭世界的禮拜五就如同基督教世界的禮拜天，是與神對話的時間。剛來到此地時我總是有時間錯亂感，這裡的週休二日指的是星期四與星期五，而不是我習慣的星期六與星期日。台灣跟隨的，應該說全球在跟隨的，其實是西方的習慣。安柏說，他小時候在加拿大，星期天早上商家也是不營業的，因為那是上教堂的時間。所以一開始，星期天之所以不工作，其實是宗教理由。直到消費時代來臨，週末假日才轉變為玩樂購物的專屬時段。心靈不再重要，禮拜日的教堂小貓兩三隻，倒是百貨公司人滿為患。人們依舊朝拜，拜物和拜金，所謂今日的信仰。

沙烏地阿拉伯以宗教律法繼續把持著最後一道防線，儘管這道防線正在鬆脫。由於實在與外面的世界太過脫節，在我抵達這裡的第二年，官方將週休二日從原來的星期四與星期五改成了星期五與星期六，如同其他臨近的伊斯蘭國家，以利國際間的生意往來。

禮拜五早上的達曼，除了清真寺之外，基本上是一座死城。我們曾經在幾個禮拜五早上出門，除了路上稀稀疏疏的車輛，到處不見人影。商家關門，加油站沒有人，去哪裡都碰壁。就算我們在路上拋錨，也不會有人來救。繞了整個城市一圈，我們帶著挫敗回家，得到一個結論：禮拜五的早上，還是乖乖待在家裡最好。每到星期四的晚上，我們總是突然驚醒般，「啊！明天是星期五」，而不是「吔！明天是星期五」。在這個世界僅存、對宗教仍然如此狂熱的地域裡，我們仍是資本主義下貪圖方便的死小老百姓。

有一陣子，家裡一天五次的那個恐怖聲音突然消失了，變成了一個美妙的聲音。住家附近的清真寺終於換了一個唱誦者。那個時候，我們才真正體會到被阿拉祝福是何等的幸福，並為這遲來的寧靜歡慶不已。結果幾天不到，那個熟悉的聲音又回來了。一想到他可能只是生了幾天病，或只是出國去玩幾天，我們便又重新掉回了地獄。有幾次，我真想奪門而出叫他閉嘴，但被人聽見了我必死無疑，所以只能用枕頭摀住自己的嘴：「Shut up!」

# 07 沙塵暴

一出門，就像走進了霧裡。霧很髒，地上的黃沙被煮沸般蒸騰而上，天與地被倒置，失去了重力，如無聲的海底。

平時，最遠你可以看見海，日落時地平線上有遠方建築的剪影，此時，你只能看見眼前的一棵樹。所有的事物都包裹在沙塵裡，房子、馬路、街樹、遠方，還有我們。如同安哲羅普洛斯的《霧中風景》，不管走到哪裡，都被一種看不見抓不到的虛無給隔絕。

我抬頭，一向氣燄高張的太陽被細沙滅了火，很孬種地變成了月亮。明明是大白天，卻如同即將進入黑夜。空氣有沙土的氣味，沙塵發揮了保溫的效果，如同泛著火光的灰燼，風一吹，一把火燒來，燒過搖擺的枝葉，燒過腳下的草叢，燒到我們身上、臉上。細沙鑽進我的頭髮裡。我們站在外頭不過三分鐘，手上的相機已經蒙上了一層灰。安柏咳了

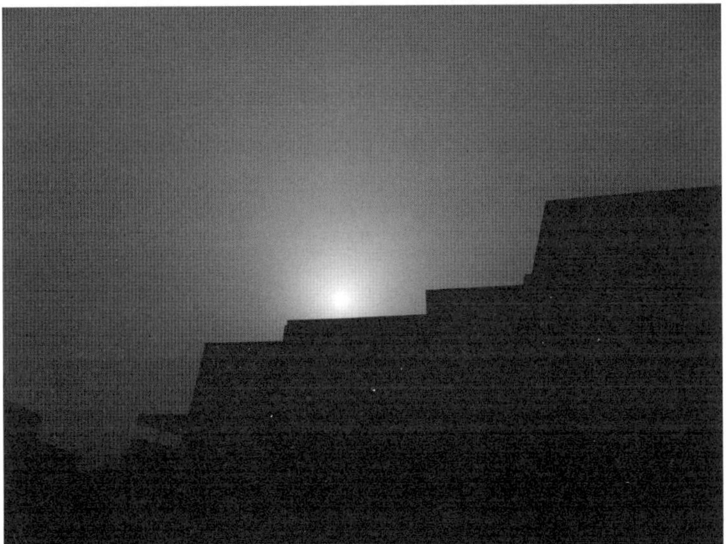

咳，說這種天氣真不適合待在外面。

自從我來到這裡生活以後，喉嚨裡總有咳不完的痰，一咳起來肺裡隆隆作響，很像我時常在安柏身上聽到的聲音。但是我並沒有抽菸，也不抽安柏的二手菸。我的肺部顯然遭到了侵襲。

凶手是空氣中的沙塵。即使是天氣清朗，沙塵依舊無所不在。那不是關上窗子、關上門就可以隔絕的東西，就算用膠條封住所有的邊縫，細沙依舊會從空調冷氣找到出口，出現在桌子上、椅子上、書櫃上、地毯下方，以及所有暴露在空氣中的表面。

有一度我非常的灰心，不管我怎麼打掃，隔天醒來依舊是一屋子灰。手指不管碰到什麼都會留下一抹痕跡。痕跡愈清晰，代表沙塵愈厚重。後來我放棄了，對滿屋子的沙塵視若無睹，反正我就是住在沙漠裡。

這些無所不在的沙，最後也住進了我的肺。每天早晨，我會被自己咳醒，直到我將包裹住黃色沙塵的痰從體內咳出來，才有辦法再度正常呼吸。

有幾次，沙塵完全占據了我的呼吸系統，那是我人生第一次的氣喘，就發生在沙烏地阿拉伯。發生的初期你只覺得呼吸不順，肺裡有東西卡卡的，接著咳個不停。夜晚，你的肺打擾著你的睡眠，隨著一呼一吸，很有規律地發出嘎嘎的聲響，像風吹過，像有人在裡面呼喊求救，直到你開始咳到從床上跳起來。第二天，我打了幾個噴嚏，開始上氣不接下氣，呼吸不到空氣。我不知道發生什麼事情，只是傻傻地等它好轉。它沒有好轉，我開始感覺呼吸困難，必須很用力地吸，很用力地吐，肺部發出空氣努力穿過狹窄氣管的吱吱聲響。

我感覺快要呼吸不到空氣了。我必須趕快到醫院才行。安柏在課堂中沒有接電話，我打給中國友人吳敵求救。吳敵聽我的聲音不對，以為我跟安柏吵架了，其實我快死了。連續打了幾通電話給其他朋友，不是她們的車子不在，就是她們的老公不在。我叫了計程車，肺裡吱吱嘎嘎的，自行前往學校裡的診所。

§

我們在沙烏地阿拉伯沒有健康保險，但是學校附設的診所可以讓教職員與眷屬免費看診，我們只需負擔藥品費用的15%。但是這間診所惡名昭彰。曾經有個朋友帶她的小孩來看牙醫，小朋友的乳牙蛀掉了，醫生建議拔掉，卻誤拔了另一顆完好無缺並且無辜的健康牙齒。

我剛到此處時曾經水土不服，有一陣子，渾身不對勁，頭痛、無力、想吐又脹氣，安柏帶我到這間診所看醫生。掛完號後，我們必須分開候診，他進到男生的候診區，我進到女生的候診區，等到護士叫了我的名字，我們才能重新會合，一起進到診療室。

裡頭坐著一個埃及籍的男醫師，皮膚黝黑，面部五官不安地皺在一起。他看起來非常焦躁，正在講電話。我們坐在他面前等了幾分鐘。他掛上電話，還來不及看我們一眼，電話又響了，他馬上又接起電話，繼續講他的，彷彿我們從來沒有在他眼前。

我看看時鐘，快六點了，正好是台灣上班族快要下班的時間，電話那頭彷彿是催促他快點回家的太太，而他彷彿正不耐煩地用我們聽不懂的語言說，快了快了，我再打發掉幾個病人就回去了。

掛上電話，醫生總算正眼看了我一眼，他問我怎麼了，我打開我的英文小抄，準備要描述我的症狀：「我頭痛……」他屁股著火似的馬上起身，要我坐到旁邊一張充滿機械感的椅子，上面有各種金屬氣味的檢查儀器。他在我頭上比劃了一番，在我來得及弄清楚他做了什麼之前，已經被他趕出了門，他丟下一句「照完X光再進來」，然後由另一個病人替補我。

我很有耐心地照完了X光。還未說出口的英文症狀名稱在我心中翻攪，我像個忍不住想要告白的小女生帶著X光片再度走進診療室，他還在講電話。他終於看了X光片：「沒怎麼樣啊。」在他再度趕我走以前，我搶著描述我的症狀：「我覺得有時想吐，肚子脹氣……」「我可以給妳脹氣的藥，吃飽飯後要起來走一走。」接著他沉默，再也無話可說，一副我怎麼還不走的姿態。我覺得他還沒有完全清楚我的症狀，「可是我覺得很疲倦……」「累的話就補充維他命C啊。」當我聽到維他命這個字時，我傻掉了。我知道我在浪費時間。

頭痛醫頭，腳痛醫腳，是校區診所的特色。沒有用，則是校區住民們對它的結論。分享糊塗醫生爛診所的荒唐例子，是大大小小的聚會中很重要的一項談話節目。但是這一次可一點都不好玩。

下了計程車，我一個人吱吱嘎嘎地來到診所求救。這次是一個老神在在的伊朗女醫師。我貪婪地吸著周邊的空氣，我覺得我快死了。她看看我，第一句話不是問我怎麼了，「中國人？」她說。好像我是來泡茶聊天的。她幫我量耳溫，繼續用她輕快的口氣說：「喔，發燒了。」像是在說，喔，水開了。她什麼都沒說，便開了藥單給我。我問了幾句，她的英文口音跟我的英文程度隨即讓我問不下去。我起身去拿藥。除了退燒藥之外，我拿到了減緩咳嗽的糖漿、讓喉嚨舒服一點的漱口水，以及治療肺部細菌感染的抗生素。

§

安柏回來時，我還躺在床上退燒，額頭蓋著濕毛巾。他來看一看我，就去彈他的吉他。晚餐他熱了湯給我，知道我好點了，就告知我晚點他同事那邊有個聚會，他會去一下。一時之間，我所有的委屈都隨著熱湯從胃裡翻上來，「你老婆發燒了，你還要去？」一說不得了，眼淚跟著想往下掉。我趕緊走開，躲到廚房去。情緒一激動，呼吸更加困難。我坐在地板上大力喘息，急著想讓自己的情緒平靜下來，最後，不得不找正在吵架的人再送我去醫院一趟。

晚上的醫生是一個敘利亞女醫師。我已經喘到說出不話來。安柏代替我描述我的症狀，

「我知道。」女醫師平靜優雅地說。她說她聽得到我呼吸的吵雜聲，一聽就知道我怎麼了。她開了抗過敏的藥給我，並且讓我做呼吸治療。我被帶到一個小房間，裡面有許多鋼瓶，瀰漫著蒸氣。這是沙烏地阿拉伯醫院特有的呼吸治療室。我戴上了呼吸面罩，上面連接著氧氣筒，護士在裡面加了抗生素和一種打開肺泡的藥劑，我在一片蒸氣中專注的呼吸，安柏則在一旁滿臉愧疚。我看看四周，才發現我不是唯一呼吸困難的人。來呼吸、或呼吸完的人在我周圍來來去去。這樣的療程一次大概十分鐘，我必須一天作三次，連作三天。往後的三天，安柏自知理虧，呼吸療程的時間一到，他便會從學校趕回來送我去戴氧氣面罩。那幾天，我無法躺著睡覺，只能抱著枕頭吱吱嘎嘎地打著瞌睡。每咳一次，就醒一次。至於是什麼病因？優雅敘利亞女醫生說：「可能是空氣中的沙塵引起的。」

十個來看病的人，有八個都是沙塵過敏，診所裡的呼吸治療室因此門庭若市，而且是唯一二十四小時不關門的單位。在台灣，誠品二十四小時不關門就怕有人半夜無聊，7-ELEVEN二十四小時開放就怕有人半夜要買東西，麥當勞二十四小時開放就怕有人半夜肚子餓，在這裡，呼吸治療室二十四小時開放就怕有人半夜吸不到空氣。

從那個時候開始，我才把這裡的沙塵當作一回事。出門前，先看天氣。不是看會不會下

雨、要不要帶傘，而是看空氣中的沙塵含量、需不需要戴口罩。阿拉伯人的頭巾與面罩，其來有自。

藍得不得了的天空，配上一顆閃亮亮的太陽，是這裡每天的基本配備。雲朵出現的機率，差不多是我在台灣看見彩虹的機率，算是一種驚喜。一整年，只有三月的時候會下兩三天的雨。下雨的時候，外面的植物都在拍手，整個城市卻氾濫成災。若只為了一年裡的兩三天去做排水系統，也未免太不划算，所以即使是下幾天的浪漫小雨，也會在地上刷出一條河流。如果沒有雲朵，天空也沒有平常那麼藍，那就差不多是出門要戴口罩的時候了。這時懸浮在空氣中的沙塵不像沙塵暴來臨時那麼清晰可見，所以也是最危險的時候。看不見的，都是最危險的。三月天，除了有幾天的小雨，也有沙塵暴，來的時候伴隨著狂風，從西邊經過利雅德的沙漠來，或是從北方經過伊拉克的沙漠來，有時候大刺刺地來，有時候一聲不響地來。

§

第一次遇上沙塵暴的時候，我們正要前往校區隔壁的阿拉伯美國石油公司（Aramco）。那時我們剛抵達不久，還沒有放棄在這座一無所有的沙漠找尋可以去的地方。Aramco 並不對外開放，但是聽說裡面有一間對外開放的展覽館。我們找來了一個司機，開開心心地上了車，但其實沒有人知道那間展覽館的確切位置。

印度司機一邊開往 Aramco，一邊打電話問其他司機。問遍了所有人，還是沒有人知道。沙塵暴將我們包在一團迷霧中，車子則在我們的疑惑中來到了 Aramco 的入口。這個沙烏地阿拉伯最大的產油公司、世界最大的油田，自成一個街區，住著一萬多人的員工與眷屬。雖然沙烏地阿拉伯積極地從設在隔壁的石油礦業資源大學（也就是我們的來處）培養自己的人才，但一時之間還無法取代仍舊占多數的美國人。有美國人在的地方，就有恐怖攻擊的疑慮，因此 Aramco 戒備森嚴。進出 Aramco 都要出示員工的識別證，外人要進去，必須有內部的員工帶才給進。我們沒有識別證，也沒有人來帶我們進去，但是管它的。

車子進了檢查哨，站在一邊的警衛把我們攔下來，示意我們搖下車窗。幾個阿拉伯人戴著墨鏡，留著小鬍子，穿著防彈背心，有人把槍架在胸前。我們直接表明聽說裡面有間展覽館，墨鏡後面的警衛說他不知道展覽館在哪裡。我們看起來糊裡糊塗、傻裡傻氣的，並不比他自己更像恐怖分子，所以他放行我們進去問訪客中心的人。

訪客中心也是幾個阿拉伯人，戴著墨鏡，留著小鬍子，沒有防彈背心，但是看起來更像電影裡的流氓胚子。墨鏡後面的人也說他不知道展覽館在哪裡，但是給了我們幾個線索讓我們自己去找。我們道了謝，上了車，接著就開始在沙塵暴裡的世界最大產油區繞來繞去。

車子行經幾個籃球場那麼大的儲油槽與下水道般粗的輸油管。產油區依舊保留了這座城市被剷平以前的原有地貌。除了鋪上柏油的馬路，地表極盡崎嶇地起伏著一座座石山。高溫與乾燥所造成的風化讓石山失去控制，堅硬地凸起，或是執意地凹陷。蜂窩狀的刀山，尖銳地切割著自己的形狀。此地廣大無邊，我們很快失去了衡量空間與距離的依據，以至於看不出物件的大小與距離的遠近。數不清的輸油管攀爬在土地上、橫過我們頭上、爬過一座又一座的尖銳石山，在沙塵暴飛沙走石的籠罩下，違和荒謬得如同世界末日。我們在輸油管的穿行中經過了好幾個檢查哨，並且在最後一個檢查哨被告知，展覽館早在三年前就關閉了。

離開了如同另一個星球的奇異地表後，我們苦無去處。沙塵石礫在焚風中繼續敲打著車窗，我們上了高速公路，並且發現了沙塵暴的潛在危險性。在沙塵暴中開車，就跟在暴風雨中開車一樣危險。你看得見前面那一輛車，卻看不見那輛車更前方的景物。模糊的

視線像個氣泡包裹住我們，隨著我們的車子推進。

就像你可以在雨中看見風的形狀，你也可以在沙塵中看見風的形狀。氣流夾著飛揚的沙土，在前方的馬路上低空飛行，向上捲了一圈，再像水一樣灑了出去；有時候像一塊布攤開，有時候像一條河流激起水花，有時候停在空中，像突然想起了什麼一樣，再度速速流去。

「去Shopping Mall吧！」安柏說。我們早就沒了選擇。不管有沒有沙塵暴，在任何情況下，Shopping Mall最終都會是我們最後的去處。那裡沒有狂風暴沙，沒有高溫烈陽，明亮乾淨，空氣清新，而且不會引起我的沙漠氣喘症。

08——

# 沙漠貓女

黑凱蒂是一隻貓。她是我除了當地朋友以外，回到台灣後唯一深深思念過的沙烏地阿拉伯之物。

起初，她只是那群在校園裡晃蕩、到處窩、到處吃、卻曾來不屬於誰的貓友們之一。穆斯林不是怕貓就是愛貓，不是隨牠們去，就是到處餵食。貓咪有得吃、有得睡，並不需要屬於誰。要是我，我也不想屬於誰。黑凱蒂就是這樣，除了出生時受到不同家庭的照顧，她一直都自由自在地隨意蹓躂。許久之後，我才知道黑凱蒂有其他不同的名字，在我家是黑凱蒂，在別人家是黑豹、黑女孩、黑小貓之類的。

嚴格說起來，她是我在沙烏地阿拉伯的第一個朋友。我遇見她的時候，她還是個青少女。那天我出門，她就坐在門邊。我蹲下來跟她寒暄，她在我的手掌間轉來轉去玩摸頭。她

的毛很軟，像兔毛。我起身離開，走了一段路才想起忘了帶圍巾，返回時她還坐在原地。於是我開門喚她一起進來。拿圍巾的時候，她到我家的廚房、客廳、浴室、房間，從頭到尾巡視了一遍，好像很滿意的樣子，之後就不願意離去。我拿了盤子，用鮪魚罐頭引她出門。回來的時候，只剩下一個空空的盤子。

從那之後，黑凱蒂時常來光臨我家，後來變成每天來訪。她來這裡吃吃乾糧，看看街景，玩玩我家窗簾的繩子。每天下午四點左右，她會對著門外喵喵叫，我就開門讓她出去。我從來都不知道她出去的時候都在做什麼，有一次，我看見她在爬樹。

黑凱蒂會一直待在外頭直到隔天早晨。只要我開門喊她，她就會像搖尾巴的小狗一樣，一邊喵喵叫一邊跑向我，然後像一個快樂的小孩，吃著她的貓餅乾。

我從未幫她準備過貓砂盆，她也從未在我家上過廁所，尿急的時候，她會對著外頭喵喵叫。外頭便是世界上最大的貓砂盆，一片沙漠。

黑凱蒂一身毛茸茸，有波斯貓的血統，像在炎熱沙漠裡披了一件黑色的貂皮大衣。大部分日子裡，從冷水水龍頭出來的水都是熱的，我不知道這裡的貓如何能度過氣溫高達五十度的夏天，牠們唯一可以躲藏的地方就是矮樹叢，最好地上還有一層密密的草叢。在一天中最熱的時段，牠們會像一隻放棄行動的豹子，在天然冰箱的包圍下睡午覺。每每我幫黑凱蒂梳毛，總會發現她從草叢帶回來的禮物：一根乾枯的草稈，一座野花的花托，還有一棵被一團黑毛消滅的咬人貓。

## 貓女的後代

我從不覺得黑凱蒂是我的寵物。她只是這個寂寥沙漠裡，一隻前來陪伴我的貓。我並不擁有她，而是她選擇了我。

夏初度過了發情期，在我們離開這個國家去度暑假前，黑凱蒂已經懷孕了。我不知道該不該擔心，不管我在不在這裡，貓族似乎都能在每個夏天一代一代地流傳下來。

結束了將近三個月的假期之後，我們在八月底回到沙烏地阿拉伯。即使是那個時候，整個阿拉伯半島仍然像暖爐一樣烤著人。我們從巴林下飛機驅車返回，途中，我的心懸在半空中。三個月以來，我挂念著黑凱蒂，從不敢奢望她是生還是死。回到住處的時候，已經是下午四點。住家附近的草叢乾枯成一片。陽光刺眼，我沒有看見貓。

進門不到五分鐘，黑凱蒂已經在門外喵喵叫門了。我又驚又喜。三個月不見，她還記得我。三個月來，她不知道這樣叫了幾次。黑凱蒂的身形小了一號，已經卸了貨，毛髮比過去還要短，好似有人幫她理了毛。脫掉了貂皮大衣，黑凱蒂看起來很涼爽，我心中感謝著為她理毛的人，雖然我不知道那是誰。

那天夜裡，溫度下降了幾度，幾隻熟面孔的貓陸陸續續地出現，幾隻熟面孔的貓則完全不見蹤影。能在沙漠最熱的季節存活下來的貓，都是貓界裡的強者。我拍拍牠們的頭。我沒有看見黑凱蒂的寶寶，心裡卻暗暗祈禱著，至少有一兩隻吧，讓牠們跟媽媽一樣，在沙漠裡撐過好幾個夏天。

清晨五點多，我還在時差。那是重回沙漠的第一個早晨，天剛亮，黑凱蒂又來叫門。開門，我看見一隻生面孔的小貓。小貓和黑凱蒂一樣，全身烏黑，夾雜著看起來髒髒的褐色，初看以為是染上了皮膚病，或是掉了毛的坑坑巴巴。小貓緊跟在黑凱蒂身旁，沒錯的話，牠就是黑凱蒂產下的其中一隻貓寶寶。我沒看見其他小貓，牠可能是唯一存活下

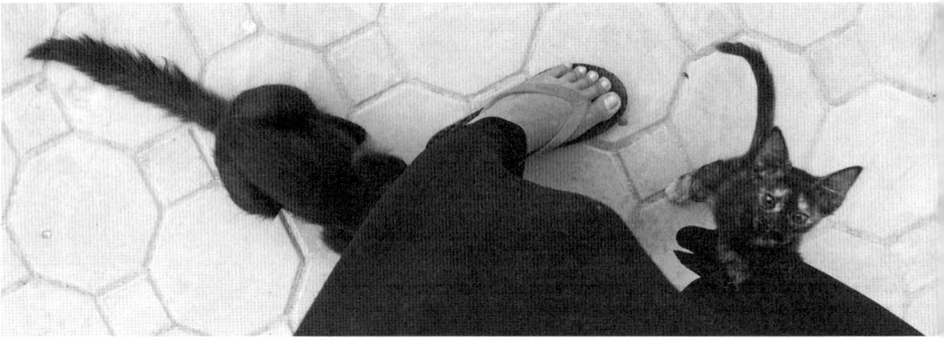

來的。從此，貓界的奇蹟名錄又增加了一貓。

小貓是個女生，眼尾有一條橘紅色的花紋，像是一個被劃破的傷口，又像是一條刀疤。四隻腳原應該都是黑色，卻有一隻是土黃色的，好似穿錯了襪子。小貓還小，叫的時候只能發出「咪……咪……」的細聲，我回叫「咪……咪……」，所以咪咪成了她的名字。如果說，貓界的小孩等於人類界的壞小孩，人類界的小孩三個月還只會大哭，貓界的小孩三個月就可以搞得天下大亂了。咪咪的動作飛快，風一樣地暴衝來暴衝去，她在我的腳下玩弄我的黑袍裙襬，鑽到底下給我好幾記抓痕。

小貓已經很會跟媽媽玩打架，到處賞其他成貓爪子，並且在其他成貓威脅她的時候出掌反擊，這點和她的媽媽很不一樣。黑凱蒂還是青少女時，別的貓對她凶一下她就逃跑，所以總搶輸東西吃。我時常覺得她跟狗一樣，整天叫個不停，有時候像人類的嬰兒，哭來哭去也不知道她到底要什麼。現在，她安安靜靜地，整天守著小貓瞧，彷彿是另外一隻貓。小貓衝到哪裡，她的視線就跟到哪裡。小貓天兵，常常惹別的貓對她出手教訓，過往會轉頭逃跑的黑凱蒂，現在正擋在小貓前面，變成罵街的潑婦。

只是黑凱蒂還是原來的黑凱蒂，媽媽溫馴，小貓凶悍，小貓搶媽媽的食物吃，黑凱蒂只是默默退到一旁，靜靜看小貓狼吞虎嚥。她耐心地舔著小貓，此刻，黑凱蒂的生命有比食物更重要的東西。有時，我會試著把小貓推開，挪出空間給黑凱蒂享用，小貓反射動作在瞬間使出全力，用她未發育完全的貓掌壓住食物，像是在說：「這是我的。」然後以最快的速度把食物吃完。難怪她會是唯一倖存的寶寶。

這天開始，我們家門口擺了兩個盤子。

## 貓孫滿堂

那幾年，我身邊的好友一個接著一個懷孕。我朋友的孩子，就是我的孩子。隨著寶寶陸續出生，突然間，我有一種兒孫滿堂之感。不只我的朋友，連在阿拉伯陪伴我的黑凱蒂，也在這個時候懷孕生產，於夏天誕下女兒咪咪。

咪咪一歲不到的時候，我發現黑凱蒂有些不對勁，她不去睡她平常睡的沙發，反倒跑到冰箱上頭去睡，還會跳上流理檯偷吃土司。我不知道該如何解釋她這樣的行為，加上我發現她的肚子似乎變大了些，雖然不想承認，但是猜想她可能又懷孕了。

貓咪的發情期是在春天，當時才四月，現在就懷孕未免也太快。咪咪是在夏天裡誕生的，根據上次的經驗，黑凱蒂的生產期應該都是在夏天。我一直這樣以為著。後來才知道，黑凱蒂有可能是貓界的美女，因為不管是哪個季節，她都能生，男朋友換過一個又一個。

五月裡的某一天，我們準備了雞肉大餐，照例幫黑凱蒂留了一份放在她的盤子裡，她卻躲在沙發後面的牆角不肯出來。「有許是生病了吧。」我和安柏自顧自地吃了起來。

看電視的時候，我躺在沙發上。馬達加斯加島的獅子、斑馬、河馬、長頸鹿就在我的前方，黑凱蒂則窩在我頭部後方的黑暗牆角裡。我聽見一陣微弱的嗚嗚聲，以為是電視裡的動物，但是不對，聲音好像是從我腦後方傳來的。我關掉電視，用檯燈向黑凱蒂躲藏的角落照去。

「你看見什麼了嗎？」我問安柏。

「嗯……很難說……」安柏說。

烏漆抹黑的，我只看見黑凱蒂不停地舔著下體，然後，又一陣嗚嗚聲，我看見一條老鼠似的尾巴在黑凱蒂身體下方晃動。

不得了了，黑凱蒂在我們看電視的時候，生了。

我與安柏後知後覺，又驚又喜，完全不知道該怎麼辦。剛出生的小貓滿身是血，黑凱蒂不斷地舔，把小貓身上那層薄膜給舔去，也把小貓身上的血舔乾淨。黑凱蒂自己也流了不少血，在角落的地毯上、白色的牆角上，沾了一痕一痕的血跡。她的身體快速地上下起伏，像是在喘息，或是子宮收縮，十五分鐘後，第二隻小貓也掉出來了。

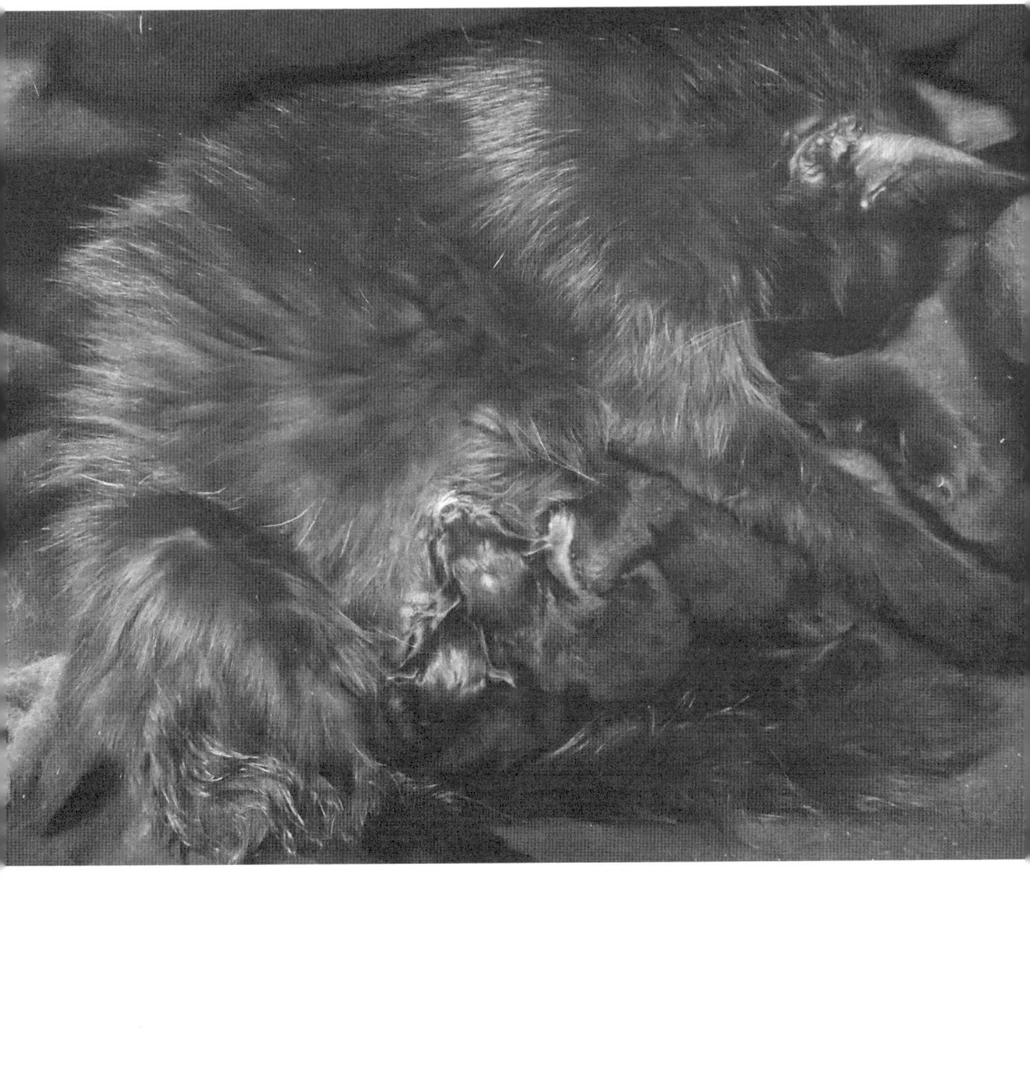

剛出生的小貓濕濕亮亮的，全黑小小的身軀拖著一條小尾巴，一隻小老鼠似的。

讓黑凱蒂獨自在客廳的黑暗角落裡生產，我們頗為愧疚，什麼都沒準備的我們，看黑凱蒂生完了，趕緊將牠們母子母女移到臨時鋪出來的小床。抱起黑凱蒂的時候，我沾了一手的鮮血。

一個小時後，我還守著黑凱蒂和她的小貓跟她懺悔，黑凱蒂突然「哼！」了一聲，莫非是生氣了？一隻小貓又從她下體蹦了出來。啊，還沒完啊。黑凱蒂照樣舔去小貓身上的薄膜，咬斷連著小貓肚臍的粉紅色臍帶，排出胎盤，將胎盤吃掉。

總共三隻小貓，一隻男生，兩隻女生。全黑得健康。我開始擔心，照這樣生下去，不久我就貓孫滿堂了。果真，在我待在沙烏地阿拉伯的兩三年間，加上咪咪所生的小貓，黑凱蒂的貓子貓孫高達十一隻。

咪咪不似黑凱蒂那麼與我們親近，她一直都很強悍，是個潑辣妹子，不讓摸頭，不給人當寵物，她勉強與我們維持著關係完全是為了吃。有一陣子，我們一直不確定她是懷孕了還是吃太胖，直到她突然變瘦了才知道她已經卸貨了，卻一直不見小貓。

一天下午，她終於叼著小貓來見我們。她先叼來一隻橘色條紋的小貓，然後轉頭離去。不一會兒又叼來了一隻灰色雜紋的小貓，然後又轉頭離去。再回來時，嘴上又多了一隻橘白花色的小貓。我們冷汗直流，很怕她又轉頭離去。

還好，她只是賴著不走。

# 第3部

# 圍牆裡的生活

# 09

# 圍牆生活

沙烏地阿拉伯境內有許多小圍牆，用來將外地人與本地人的生活隔開。牆內與牆外是兩個世界。圍牆內的外地人不需要忍受道地的沙烏地阿拉伯生活，圍牆外的當地人也不會因為看見女生穿比基尼而心臟病發。換句話說，圍牆圍起的是一塊化外之地，境內並不需要遵守每項宗教戒律，如同 Aramco 圍牆裡的小美國，裡面的人過著墮落的美式生活。

待在沙烏地阿拉伯期間，我無時無刻不想過過墮落的生活。因為我們所待的學校也有一座圍牆，只是這座圍牆漸漸不起作用，牆內牆外已經沒有什麼分別，它可以圍起的，頂多是一座精神監獄。有趣的是，這個校園起初也是相當美式的。

最早的規劃者是個美國人，他還規劃了Community Center（社區中心），裡面有游泳池、健身房、網球場、桌球室、室內籃球場、保齡球道、圖書館等。那個時候，西方人與當地人的住處與活動區域是分開的。直到恐怖攻擊發生，西方人聚集的城市達曼首當其衝，其中一起就發生在這所學校裡面。恐怖分子闖入校園，前往外籍教職員的住處，尋常地敲門，你不疑有它地應門。他們問，你是穆斯林嗎？你說不是。下一秒，你的喉嚨在他們手中的刀被劃開。慘案發生後，學校開始將住在校園裡的西方人與當地人混在一起，避免成為恐怖分子鎖定的目標，這是校園生活逐漸沙烏地阿拉伯化的開始。

其他的圍牆，尤其是西方單位進駐的社區，諸如石油公司、天然氣公司、航空公司、貿易公司、英國學校、美國大使館等，都有嚴格的管制。這些將整個西方世界移植過來的化外之地甚至有酒吧、開放的游泳池、專屬的沙灘，當然也有穿比基尼的女人。他們有時會舉辦音樂派對，安柏的同事史蒂芬是樂團的一員，不時在各個西方街區表演，透過他的關係，我們參觀了許多圍牆。有些圍牆，外來訪客必須一一下車，到一個小屋子接受安檢，再到另一個小屋子拍照、換證。車子底盤用特殊儀器來檢查。最嚴格的莫過於美國大使館，相機禁止進入，連有拍照功能的手機都被擋下。美國大使館膽小如鼠，就怕照片落入有心人手裡，成了恐怖分子研究地理環境、布局炸彈的線索。

說到恐怖分子，除了宗教警察之外，我在這裡遇上的每一個沙烏地阿拉伯人沒有一個和恐怖分子的形象扯得上邊。他們也許安逸、封閉、漫不經心又事不關己，但是他們比我在台灣遇上的人要真誠、單純、從容與自信許多。他們其實也討厭宗教警察，清楚明白信仰應該發自內心，不應該成為外在的壓迫。無奈極少數的宗教狂熱者與恐怖分子正中了西方政客的下懷，成了他們用來操縱輿論與妖魔化中東世界的把柄，壞了一鍋粥。

# 10 Party! Party! Party!

那是我來到此處第二個月的事了。一個菲律賓女人打電話到家裡來，「請問你太太是台灣人嗎？」接聽電話的安柏說是，一面狐疑地看著我。女人說她在學校雜誌的編輯部門工作，「不知道你太太有沒有興趣來工作？」換成我狐疑地看著安柏。我在這裡一個人也不認識，哪裡知道什麼菲律賓女人，她又如何知道我？「這個電話是我先生丹尼斯給我的。」安柏皺皺眉頭，因為他也不認識什麼丹尼斯。

幾個月後，我們不經意遇見了丹尼斯。當時他正餵完貓，蒼蠅環繞在他手上的罐頭以及他肥胖的身軀。丹尼斯一聊天就開始挖八卦，頗有廣播電台的性格，似乎無所不知，無所不曉。不久我們便耳聞他是眾所皆知的大嘴巴，至於他怎麼拿到我們的電話？一直是個謎。但是再怎麼說，我得感謝他，因為就在他的菲律賓籍太太來電後沒幾天，我又接到一個中國女人的電話，顯然整個社區都已經知道我的到來。

中國女人吳敵來自北京，她邀請我到她家坐坐。她同時邀請了其他兩個華人太太，來自馬來西亞的布蘭達，以及來自溫哥華的林雷。林雷完全不會說中文，所以我們四個黃皮膚的華人全程以英文聊天，感覺非常奇怪。我們喝茶、吃餅乾，一邊聊天。從那個時候開始，我逐漸明白，所謂沙烏地阿拉伯式的生活，大概就是這樣了。今天在妳家，明天在我家。參加的人可能來自印尼、泰國、印度、菲律賓、越南、柬埔寨、馬來西亞、中國、日本、韓國、紐西蘭、波蘭、厄瓜多、哥倫比亞、希臘、英國、美國、加拿大、澳洲或是台灣。不同的聚會由不同國籍的人任意組合，單看誰跟誰比較合得來。大多時候，都是女人。男人在工作，女人在家沒事做，找盡各種名目在家開派對：新年、耶誕節、小孩生日、老公生日、自己生日、迎新會、歡送會、baby shower……反正就過來吧。

只要是西方人的聚會派對，酒精是必備品，所以不適合邀請阿拉伯人。外地人來到這裡必須學會的第一件事，就是學會自己釀酒。同是天涯淪落人，嗜酒者互相傳授心得與技巧，基本上不學會是不可能的。自己釀的酒通常不好喝，有時候是糟糕得難喝，一個美國人釀了一手威士忌好酒，看中西方人在這裡沒酒喝會死的需求，在可靠的圈子裡做起了生意，賺取一筆可觀外快。我在一次生日聚會上看過這個美國人，他在室內戴著墨鏡，沒什麼表情，長袖衣下藏了兩手臂的刺青。我也曾經到他家找過他的泰國太太，一間廁所被改裝成自製的蒸餾室，檯面上一堆琳琅滿目的蒸餾設備，地下擺著一桶一桶的不明液體，宛如一間實驗室。這間密室在有人來訪的時候，會以壁紙掩蓋房門，成為牆壁的一部分。由於學校提供的房子格局多大同小異，曾經有一個友人跟她借完廁所以後直呼：「奇怪！你們家的格局跟我們家的不一樣！」

經過朋友與朋友間的情報交換，安柏也曾經向這個美國人買過威士忌，一瓶一百塊沙幣，相當於台幣七百多左右，物以稀為貴。然而這種私釀酒無法要求它的品質，不出人命就要偷笑。我們聽過太多因為長期喝私釀烈酒而喪命的西方人，每個人也多多少少曾經倒楣喝到一批劣酒而有呼吸困難、嘴唇發白的經驗。安柏曾經在參加一次聚會後頭痛欲裂、整個人像一團大便，直到隔天還虛弱無力。

每到特殊的夜晚或是私下聚會，這些專業不專業的私釀酒就會擺上桌來。我是一個對酒精沒有需求的人，就曾在這裡喝過私釀白葡萄酒、私釀紅葡萄酒、私釀蘋果或芒果等水果酒、私釀威士忌等等。它們一概裝在與其顏色相襯的有牌瓶子裡，看起來就像是真正的葡萄汁、蘋果汁、芒果汁和可口可樂。幸運的時候，我會喝到真正的威士忌、琴酒、萊姆酒、伏特加，這些都是膽大心細之人的傑作，它們被藏在車門的夾板中，藏在女生

的內衣裡，從巴林偷渡走私來此。

對西方人來說，餐桌上少了酒，就像少了舌頭一樣，話都不會講了。我曾經跟安柏一起參加他同事的聚會，地點在外面的餐廳，所以無法拿出他們的寶貝。只見那些西方人用完餐，每個人呆呆枯坐在桌前，就像被人用槍抵著一樣，堪稱奇景。話匣子打不開，還不如早早回去睡覺。

有男人在的聚會畢竟是少數。女人許許多多的生活照中，一概不見男人的身影。太太們在一起都聊什麼？除了抱怨每天發生的怪事、笑笑阿拉伯人鬼打牆的辦事風格、講老公壞話之外，就是聊小孩、聊做菜。前三項我還可以跟著哈哈大笑，後兩項則不在我的生活範圍之內。一聊到做菜，我就傻在哪裡，興趣全無。偏偏這是太太們最愛的話題。

派對食物通常都是太太們的拿手菜。每人帶一道菜，是嘴巴說不用、卻不言自明的潛規則。就在太太們大顯身手的時候，我正在超市挑選我愛吃的甜點。「妳自己做的!?」我總是對別人帶來的食物大感驚訝。我不太自己做吃的，所以我的讚歎完全發自內心。「這個很簡單……」女人開始滔滔不絕那個簡單得不得了的食譜與做法，彷彿我的讚美完全不必要，也彷彿我馬上就會衝回家做一道出來，殊不知我連聽懂都有困難。正當我在腦中快轉她的嘴型與話語時，其他太太卻眼睛發亮，做菜話題一發不可收拾，這時，我就覺得我可以走了。

不過有時我也會聽到同樣的讚美：「妳自己做的!?」我大概是唯一會這樣說的太太：「怎麼可能！」

太太們不約而同地喜歡做菜，這讓我在這裡的生活更加寂寞。我在台北所習慣的電影院、音樂表演、文化活動、展覽、課程，這裡一概沒有。在這裡，如果妳是女人，沒有工作也沒有小孩，妳最好喜歡做菜，烤麵包也好，最好熱愛做家事。

安柏說，在亞洲，走到哪裡都是食物。離開亞洲以後，因為情勢所逼，我居然也從完全不會做菜到可以包辦每天的晚餐。只是在這裡做菜有一個麻煩，華人在這裡畢竟是少數，光是湊食材我就湊不出來。

西方人和印度人都有屬於自己的大賣場，如果是亞洲食材，我只能到菲律賓人聚集的區域去找。那裡有幾家專賣亞洲食材的小店，依照居留此地的外僑人數比例進口外地食材，最多是菲律賓食材，再來是泰國、韓國和日本的食材，中國的食材總是最少，大概就兩個小櫃子而已。安柏喜歡到西方人聚集的超級市場採買食材，那裡有好幾十種起司和火腿等西方人熟悉的所有食材，但是那裡的綠葉蔬菜，除了高麗菜、空心菜、青江菜、地瓜葉之外，我一概不認識。這裡也沒有豬肉，更沒有中式料理動不動就要加的米酒。所以我做出來的晚餐，少一兩味是正常的，吃起來怪怪的，也都在可接受範圍之內。

某天，我翻開食譜，「紅燒蘿蔔牛腩」。調味料有橄欖油一小匙，醬油和番茄醬兩大匙，紅酒一大匙。過往，只要食譜裡提到要加米酒、紅酒、白酒的，我都直接跳過，那天我突然想起櫥櫃的深處藏了一瓶威士忌。炒牛肉時，安柏下班了。「You know what?」他一臉興奮，說靠近波斯灣那個區域藏了一間私人酒吧，只要他們私下和你談過話，覺得你還算可靠，就會給你一把鑰匙，讓你成為他們的酒客，宛如祕密會社。他一邊說，一邊在廚房裡面團團轉，一下擦桌子，一下洗盤子。炒完牛肉，我開始加醬油、番茄醬，再來就要加紅酒了。「你可以出去嗎？」我辯解說他在這裡我沒辦法專心。他一臉無辜，拍拍屁股出去了。我趕緊打開櫥櫃，一把抓起藏在瓶瓶罐罐後的威士忌，大大方方地灑下去。為了鼓勵我下廚，不管好吃難吃，安柏都會說好吃。那個晚上，安柏一邊吃加了威士忌的牛肉，一邊直點頭說：「It's good! It's good!」滿臉紅紅的。

11

# 這是男人的比賽

我想我應該說過了，我在這裡是個異類。除了聚會與煮飯，大部分時間我都在摸索可以做些什麼。來到這裡已經十年的林雷說，以前學校裡有家不錯的餐廳，氣氛很好，喜歡社交活動的人可以相約在外面打混，過著比較西式的生活，但是當地人看不慣男女混在一起，所以一家一家關了。

其實在學校裡教書的當地人都相對開放，並不介意外地女子在校區裡沒有套上黑袍，但為了避開異樣眼光，多數外籍太太出門仍會穿上黑袍。我通常是不穿黑袍的那一個，但是出門前必定檢查是否露出太多肌膚。在這樣的氛圍下，過度暴露意味著替自己招惹麻煩，引來騷擾事件，儘管這裡的過度暴露，指的是露出臂膀與膝蓋。我曾經穿著短袖在校園裡散步，一個開車的阿拉伯男人突然停下來對我說話。我不認識他，不認為他是在跟我說話。他繼續跟我說話，帶著憤怒，我才知道他是叫我穿上黑色罩袍。在這裡生活久了，沒有把自己包起來就會沒有安全感，即使安不安全根本與女人裸露多少無關，因為隨時處於動工狀態的校園總是散落著各種廢棄建材，有一次我穿拖鞋在住家附近走動，一根穿過木頭的生鏽釘子仰躺在沙地上，我忙著避開其他散落物，結果就踩在那根木頭上，釘子穿過拖鞋底部，再刺進我的腳底，當場血流如注。

Community Center 是這座校園曾經西化過的代表和證據，謝天謝地裡面還有游泳池，在這炎熱的沙漠中頗受歡迎。理所當然的，游泳池被分為男游泳池與女游泳池，但是打從我抵達到離開的三年間，女游泳池從來沒有開放過。說是在施工，誰都知道那不是事實。後來抵擋不了女人的質問，男游泳池又分為女生時段與男生時段。我與友人布蘭達去過一次，聽說女人的泳裝有特殊規定，布蘭達特地買了一件及膝的泳裝，結果卻遭到一個女救生員的糾正。那個阿拉伯女人身上的泳裝宛如一件潛水衣，她告訴布蘭達，泳裝必須蓋過膝蓋。布蘭達氣急敗壞，直說下次不會再來了。後來女生時段還是被取消了。說是找不到女救生員，誰都知道那不是事實。

來到這裡以後，我一直找不到可以規律進行的運動方式。大部分時候熱得連在外頭走路都有困難。偶然中，我聽到一個即將離開的波蘭女人說，她以前都用 Community Center 裡的跑步機運動。Community Center 裡的每個房間都大門深鎖，我從來都不知道還有跑步機。我興匆匆地跑到 Community Center，告訴門口的男人，我要用跑步機。男人說，有是有，但是只有給男人用的。我真想掐死他。

Community Center 大部分的設備形同虛設，因此門可羅雀。少數比較有毅力的人會去特別要求，守門人會為你重新開張，用過以後再關閉，所以我也從來都不知道裡面還有一個練習用的保齡球道。直到台灣友人筱佳看見了保齡球賽的海報，興匆匆參加，一到現場卻發現參加者全是阿拉伯少年。筱佳是運動好手，一出手就打趴所有阿拉伯少年，阿拉伯少年從頭到尾都帶著疑惑。比賽到一半，評審正式宣布，這是男人的比賽，筱佳沒能打完全場。

最傳奇的莫過於裡面的圖書館了。這間圖書館的藏書量連台北最偏僻最小的分館都不如，但是見識過這裡有等於沒有的設施之後，突然覺得弄得出一間圖書館真是了不起。朋友告訴我裡頭的書可以外借，我又興匆匆地辦起借書證，才知道又來了。

明明是我要辦借書證，申請表卻要我填老公的資料，我還必須帶回家給老公簽名，就像一個小學生帶著聯絡簿回家給家長簽名一樣。這張申請表格告訴我，身為一個女人，我無法對自己的行為負責，不管我幾歲、受什麼教育，哪天我借書不還，他們找的不是我，而是找我老公算帳，在沙烏地阿拉伯，安柏是我的監護人。我全身寒毛直立。我不得不想，當一個女人被當作一個孩子，而一個男人必須對他妻子的行為負責時，他如何能不搬出自己的規則套在女人身上？如何抵擋得了控制另一個生命個體的誘惑？如何能放棄管教自己妻子的權利？那需要多大的堅強意志啊。

我把借書證申請表當成一個笑話拿回家給安柏簽名，安柏也把它當成一個笑話簽了名，我拿著這個笑話、附上我的居留證交了出去，收件的男人說，下禮拜再來拿。

我下禮拜去了，男人拿出一疊居留證，一面看著我，一面低頭翻翻找找，他拿出了一張上面有亞洲女子臉孔的借書證，「這是妳嗎？」我搖搖頭，他繼續低頭，翻翻找找，拿出另一張上面有亞洲女子臉孔的居留證，「這是妳嗎？」我搖搖頭，他繼續低頭。他找不到了。我被叫進一間辦公室，裡頭坐著一個穿著乾淨白袍的男人，安安穩穩地在裡頭吹冷氣，男人拿出一個夾了好幾張申請表的本子，慢條斯理地、隨機性地、隔頁隔頁地翻找，好幾頁他翻了好幾次，好幾頁他連翻都沒翻到，他一臉疑惑，闔上本子，叫我下禮拜再來。我下禮拜去了，同樣的場景與步驟原封不動地重複了一次，先是一個男人拿著另一個亞洲女子的居留證，「這是妳嗎？」我連搖了好幾次的頭，然後男人說，下禮拜再來。

下禮拜，我沒再去了。

# 12

# I'm Sorry!

我們住在這裡的頭一年，安柏的銀行帳戶被關了兩次。

那天他一臉憂心忡忡地跟我說，「我去ATM領錢，錢沒有吐出來，明細單上說我的帳戶餘額是0.00……」因為想起來有點可怕，我們都寧願相信那是機器或是系統出問題。在這個辦起事來有點脫線的地方我們有理由這樣相信，何況這裡又沒有詐騙集團。

過了幾天安柏下班回家，他看起來比前幾天更擔憂：「我又去試了一次，還是一樣。我問我同事，他們都沒有問題……」我心裡發毛，那帳戶裡有安柏幾個月以來的薪水，想像它一夕之間化為烏有，讓我們那天的晚餐吃得心驚膽跳，安柏決定隔天利用教課的空檔跑一趟銀行。

「他們居然把我的帳戶關掉！」安柏又叫又跳，從來不在中午休息時間回家的他突然出現我眼前，讓我措手不及。他才剛從銀行出來，需要找一個人分攤他遇上的鳥事來平復情緒。如同我們在這裡遇上的其他問題，整個銀行的人沒有人知道這是怎麼一回事。一個行員建議他重新開戶，並且保證原來的錢將原封不動地出現在這個新帳戶裡。安柏被迫重新再跑一次開戶的程序，用的還是一模一樣的帳號。神奇的是，原來的薪水真的再次出現在新開的原來帳戶裡。

至於到底為什麼會被關掉帳戶？依照這裡的邏輯來想，「唯一的可能，就是我沒有三個名字！」安柏說。西方人一般都有 First name、Middle name、Last name，因此在開戶表單上，填寫名字的部分會出現三個空格。但是安柏沒有 Middle name，他就是沒有。他認為凡事都仰賴電腦系統的阿拉伯人，就因為電腦系統無法辨識只有兩個名字的他，而直接關掉了他的帳戶。安柏正在怨嘆自己為什麼沒有三個名字，雖然我覺得這樣想很可笑，但是除此之外，我們也想不到其他原因。這讓我想起旅程之初，安柏申請居留證之時，沙烏地阿拉伯人花了三個月才修正好一個小筆誤的那場惡夢。

「那你怎麼解決三個名字的問題？」我並不真的認為這是原因。「第一格寫 Andrew、第二格寫 Stewart、第三格畫一槓！」安柏得意洋洋地說著。我忍不住大笑。對於這個根本不該發生卻沒有人知道為什麼發生的遭遇，安柏正用一種愚蠢的解決方式，回敬這個地方愚蠢的做事方式，而且看起來旗鼓相當。

幾個月後，安柏的銀行帳戶又被關掉，安柏又叫又跳：「他居然說他不知道為什麼！」沒有人會知道，我們早已經習慣。這次行員不讓他像上次一樣重新開戶，儘管這個方法曾經管用過。「他說不是那個問題，那到底是什麼問題？」安柏堅持要見銀行經理，行員回他經理不在。「下次我再去，我絕對要坐在大門口，坐到經理出來為止！」安柏真的生氣了。和銀行經理見面的那一天，安柏的心情終於緩和下來。他理解到銀行裡的人其實也束手無策，所有的人都跟他說「I'm sorry」，為他感到遺憾。那位經理說他會寫信給總公司，查詢真正的原因。對，寫信。

「他說他們不能打電話！」上級對下級才可以打電話，至於下級對上級，就必須透過文書稟報，如同啟奏皇上。這多多少少解釋了當初那些把我們搞瘋的困惑。「我留了我的電話號碼，經理說得到回覆後會打電話給我。」對上不能打電話，對安柏就可以打電話了。

接下來就是等待。我們有理由相信，當行員說不知道的時候，是真的不知道，既然不能打電話，一個沒有權力的人其實什麼都不能做，你只能等待，等待有權力的人來扮演神的角色，來解開凡人解不開的困惑與謎團。

兩個禮拜過去了，安柏一直沒有接到銀行經理的電話。他跑了幾趟銀行，得到的答案都是還沒有得到回覆。那個時候我們手上的現金不多，剩下台幣一千元不到，安柏的主管主動借給我們一千五百元沙幣，相當於台幣一萬多，因為每個新來的教師都曾經有過類似的遭遇。和其他外國人聊過以後，我們才知道我們不是唯一遇上這種鳥事的人。在這裡生活超過五年的人，已經懂得在暑假來臨之前跑一趟銀行，因為銀行可能會因為你超過三個月沒有提款紀錄而關掉你的帳戶。更新居留證時也要跑一趟銀行，因為銀行可能會因為你的舊居留證無效而關掉你的帳戶。銀行帳戶無故被關一天到晚都在發生，我們也算入境隨俗。

最可怕的是瑪麗亞的親身遭遇。瑪麗亞來自哥倫比亞，與老公在這裡生活了十五年，來的時候連英文也不會講，靠著看電視學英文，如今是阿拉伯人的英文家教。她的老公與這裡的其他西方人一樣，想喝酒只能買私釀酒，待得愈久，喝到劣酒的機率就愈高。送進醫院的時候，他的肝臟硬得跟石頭一樣，再次聽到消息時，他已經死在醫院。瑪麗亞傷心欲絕。兩人膝下無子，在異國失去唯一的親人，讓她頓時無所依。她還來不及發瘋，就得每天拿著老公的提款卡，一點一點地將銀行的現金領出來，因為在沙烏地阿拉伯，一個男人死了，國家就有權利凍結你的帳戶，這筆遺產將依照法律重新分配，妻子只能拿25％，其他75％歸妻子的其他男性親屬所有。瑪麗亞在這個國家沒有其他家人，她很難想像錢會到哪裡去，所以必須趕在銀行發現她老公翹辮子之前，將帳戶裡的錢全部領出來。銀行規定，二十四小時內最多只能提領五千沙幣，相當於四萬台幣不到，瑪麗亞再怎麼倉皇失措，也得鎮定下來，祈禱銀行跟平常一樣少一根筋，再多給她一點時間，讓她拿回兩人在這裡胼手胝足十五年掙下來的錢。他們還有一部車登記在她老公的名下，她沒有權利賣掉這部車。她每天以淚洗面，私下尋求其他管道賣掉這部車。短短幾天之內，那個上了年紀而略顯圓潤的瑪麗亞，已經瘦得不成人形。很快地，她將被踢出這個國家，老公死了，她也無法在這裡合法居留，儘管她已經在這裡生活了十五年。她將啟程回到哥倫比亞，回到那個早已不是家的家。

這件事發生的時候，每個在這裡生活的外地人都心悸猶存。不久以前，我還坐在瑪麗亞家中，坐在食物與女人之間，一邊聽她們揶揄這裡的怪事，一邊聽瑪麗亞大笑，直到大門被打開，瑪麗亞的老公提著公事包走進來，看見一屋子的女人正在看著他……死亡就在不遠處，得知瑪麗亞遭遇的當晚，安柏要我記下他的提款卡密碼。每個人都不希望走到這一步，每個人也都很有共識的，幾乎一拿到薪水，就趕緊匯到其他國家的帳戶。

銀行經理終於來電了，安柏被告知得到銀行重新開戶，戶頭將在二十四小時內啟動。到頭來，還是重新開戶了。沒有人知道花費這兩個禮拜的意義在哪裡，也沒有人會徒勞無功地去追問。安柏依舊堅持以他的方式來回應銀行的愚蠢：「這次，我在第一格寫Andrew、第二格寫Andy、第三格寫Stewart！」

## 祈禱是唯一的方式

即使到了第二年，我們仍在混沌中摸索日常生活中的小事，諸如如何避免銀行無預警關你的帳戶？手機門號一天到晚被關是為什麼？網路為什麼說不通就不通？打電話到沙烏地阿拉伯航空去退票，為什麼只能跟機器講話，一轉再轉就是轉不到真人接聽，然後由語音跟你說再見？顯然這裡有我們無法理解的運作規則，一切都是神的旨意，世界如何運行自然有它的道理，專人負責這種事情自然也完全沒有必要。

我們從來就不曾真正解決生活上的問題，我們能做的只有妥協，到處碰壁撞得鼻青臉腫，然後接受事實。因此安柏的銀行帳戶貓捉老鼠般的開開關關；我與多數朋友一樣，在跑膩電信局之後放棄使用手機（曾經有幾個門號會在半夜兩三點響起，跟我說阿拉伯話）；網路通的時候上，不通就不要上；至於機票，自然是認賠殺出了。當你找不到可以負責的人，生活上的任何變化都會增加你的不確定感，最後你也會秉持著多一事不如少一事的精神，跟著阿拉伯人念著：「Insha Allah!」如果阿拉希望，事情就會實現。祈禱是唯一的方式。

這裡的訊息流通速度很慢，正確說法是根本不流通或者根本沒有訊息。與教師有關的訊息學校會以電子郵件的方式寄到教職員的信箱。而身為男人的妻子，我是一座孤島，只能仰賴安柏餵養訊息。但是安柏鮮少收到什麼訊息，他將原因歸咎到他的電子信箱有問題，他告訴了維修人員，從此沒有下文，所以安柏的電子信箱，有跟沒有一樣，我們回到了依賴口耳相傳的古早年代。

我所得到的訊息，基本上都是土法煉鋼來的，也就是靠著跟其他太太聊天打屁，一一挖出生活資訊與生存技巧，然後回去轉告給安柏，諸如學校有免費的電視頻道……可以跟誰買二手車……可以跟哪個太太訂越南菜……在這裡住滿一年可以換住處……哪裡有很好的傳統市場等等。安柏通常聽了就算了，比我更孤島。

為了打發時間，我曾經想學阿拉伯文，安柏說他會去問，從此沒有下文。後來我從別人的老公口中得知，學校有開給外來教職員的阿拉伯語課程。這個別人的老公叫益鈞，也是個台灣人，並且是海洋生物學博士，在阿拉伯灣做研究。益鈞的老婆筱佳曾經是台灣「無垢舞蹈劇場」的舞者，是我見過情感最纖細的人，經常將別人的需求置於自己的需求之上，因此經常笑臉迎人，但也因此背負了許多不必要的情感包袱。我們三人是學校裡唯三的台灣人，因此更加惺惺相惜。

益鈞曾經在非洲甘比亞當過替代役，博學多聞又富有冒險精神，每到海灘，他必定先去撿乾材生一把火，他說這是男人的浪漫。他老夢想著到一個不為人知的神祕海域，在那裡發現與研究，建立起自己的海洋王國。在那之前，他是一個尚未成名的科學家，並且將他的實驗精神落實在生活的每一個面向，包括食物。就是在他們家，我吃到了魚板、鹽酥魷魚、鹹蛋、蘿蔔糕、牛肉乾、蜜餞，甚至是米酒等台灣口味。幾乎任何的台灣小吃，益鈞都變得出來。他們家就像是一個小台灣，與他們的友誼讓我變得很有口福。益鈞還是個語言天才，精通英語和德語，原先打算在這裡學阿拉伯語，但是他告訴我，不用去了，阿拉伯老師根本不知道在教什麼，他已經不去了。益鈞雖然比我小四歲，耍起寶來跟小孩子一樣，但是我非常敬重他，所以我也就沒去了。

在這個忙了半天卻一事無成的地方，我唯一能神速進行的事情就是閱讀。沙漠的單調與寂寥迫使我到書裡找人對話，這樣的需求一天比一天強烈。吃完早餐，我坐在餐桌上看書，安柏睡著後，我躺在沙發上看書。時間的緩慢超乎我的想像，短短兩個月之內，我已經看完配額一年的書，令我意外的是，像是突然學會走路般，我突然可以碰觸到流動在文字裡的空氣，如同一股風吹來，那麼自然，像洗臉刷牙一樣。

我沒有興趣明智在同一塊土地上年復一年地耕耘收穫、耕耘收穫：我的智力是新石器時代式的。有如土著所放的草原野火那樣，有時候會使一些意想不到的地區大放光明；有時候可能使那些地區得到些養料，從那些地區摘取一些作物，然後就遷移到別的地區去，把燃燒過的大地留置其後。

李維—史陀《憂鬱的熱帶》這本書在台灣被我打開好幾次，又迅速闔上好幾次，最後安安靜靜躺在書架上直到我忘了它的存在。它被帶來沙烏地阿拉伯以後有了完全不一樣的命運。顯然在沙烏地阿拉伯做別的不行，看書最行，如同生活在一所監獄。在這裡，所有印有中文字的東西都必須自己帶來，就算你跑遍所有的書店，也絕對找不到一本中文書。趁著假釋回到台灣，我將所有需要耐心與耐力去讀的書全帶到了沙烏地阿拉伯，像是帶到一個你上得去卻下不來的樹屋。

13

# 出逃計畫

來到此處的第二個月我才開始有了新朋友，圍牆生活也隨著與馬來西亞華人朋友布蘭達的友誼漸漸好轉。布蘭達和我一樣沒有小孩，是太太群裡的兩個怪咖，因此我們經常混在一起。布蘭達的英文很好，也夠八卦，還有一個更八卦的老公，兩個人加起來，就是一個「沙漠求生」的廣播電台。我經常往布蘭達家走，訂閱她的廣播內容。去一趟她家，抵得上我自己摸索兩個月。只要與布蘭達碰過面，當天晚上在餐桌上安柏就會不斷聽到我說：「布蘭達說……」「布蘭達說……」他一臉不可思議地說：「Really!?」「Really!?」然後繼續回去做他的孤島。

在那以前，我從來不知道自己可以在這樣的地方撐多久。與其他太太不同，我從來就不是個宅女，不是那種在家裡種種花、煮煮菜、打打小孩、罵罵老公就可以安穩過下去的女人。從第二個禮拜開始，我已經閒得發慌，大嘆沙烏地阿拉伯的貴婦真不好當。如果是在別的國家，我肯定一天到頭都不見人影，隨意移動一直是我最珍視的自由，碰巧對女人來說，沙烏地阿拉伯是一個移動最不自由的地方。

沙烏地阿拉伯作為世界上唯一禁止女人開車的國家，已經不是新聞。這原本也沒什麼大不了，移動的方式有很多種，不能開車就騎機車吧。但也不行，據說女人騎機車看起來太猥褻，在這裡也是被禁止的。這裡的道路狀況也不適合機車，除了重機之外，我從沒看過機車跑在路上。女人騎腳踏車也是被禁止的，理由和機車一樣。

最後只剩下走路了。不管是氣候或環境，沙烏地阿拉伯都是一個最不適合走路的國家。在這裡走路的危險性往往不是來自高溫，而是道路。也許壓根不覺得在沙漠走路是一個好主意，所以這裡也沒有一條道路是為行人設計的，出了校園，就直接抵達兩條高速公路。據沙烏地阿拉伯人自己說，連猴子都會開車。見識過幾乎天天發生的車禍之後，沒有一個外地人會傻到相信當地人的開車技術。

無法自由移動的女人，是最仰賴大眾運輸工具的一群人。但是抱歉，這裡沒有捷運，沒有公車系統，只有長途巴士。女人要獨自搭長途巴士，還需要男性監護人的簽名文件。因此 Aramco 自己設立了巴士線，讓住在裡面的太太可以自己出去買菜，目的地不外乎是各大超市、市場與Shopping Mall。

女人唯一的移動方式，就是請另一個男人開車。這個男人必須是家族裡的男人，或者是計程車司機。駕駛者除非是丈夫，女人不得坐在前座，否則將被視為妓女逮捕。曾經有兩對菲律賓籍的情侶結伴駕車出遊，坐在副駕駛座的女方因此遭到宗教警察的逮捕，並且被遣返出境，離境時，她的護照硬生生被蓋上「妓女」的戳章。

不管是計程車，或者是請家族裡的男人接送，對我來說都不是行動自由。在男女界限如此敏感、情慾如此受到壓抑的地方，妳絕對不會想讓一個計程車司機載妳到無人沙漠地帶去冒險，或僅僅是一個妳稍微不熟悉的地方。最後，我都得轉向要求安柏。那就更不是行動自由了。那意味著我必須仰賴他、倚賴他，換句話說，就是看他的臉色。一旦他成了我唯一可以抓取的浮木，我們的關係將會逐漸傾斜，我的獨立性也會在這一刻消失得無影無蹤。

我可以獨自一個人穿越好幾個國家，但是在沙烏地阿拉伯，沒有男人的同意，我顯然無法獨自去到任何地方。女人不能開車真的不是什麼大不了的事情，但是在沙烏地阿拉伯這樣的文化氛圍與自然環境裡，女人不能開車，絕對是一種剝奪。

我慶幸這不是我的久居之地，不然我肯定出現在要求女性開車權的抗爭行列中，然後因此被送上反恐法庭。就在我們前往沙烏地阿拉伯的那幾年，當地政府因為感受到國際婦權與人權團體的壓力，特意在「最高宗教會議」中討論這個議題，並且委託法德國王石油礦物資源大學，也就是我們所待的這所學校做研究。這個在沙烏地阿拉伯數一數二、並且以國王之名命名的教學單位做出來的研究結果顯示：如果開放女性開車，會使賣淫、同性戀、離婚的比例升高，並且，十年內全國將找不到一個處女。

一個研究人員的描述，誠實透露了自己如何將淫穢想法套在女人身上：「我坐在露天咖啡座，看著一個個可以開車的女人從面前走過，她們的眼神透露了自己想被我……」他們相信，女人開車如果在半路拋錨，就會有被性侵的危險，基於保護女人的立場，應該禁止女人開車。

沙烏地阿拉伯的酋長 Salah al-Luhaydan 說，女人開車會傷到卵巢和骨盆，生出來的孩子會有病。他特別強調，這是有科學根據的。至於是什麼科學根據？大概就是出現在此處出版的伊斯蘭戒律教科書裡的那些，裡頭的每一項戒律都附有科學根據來佐證，諸如為什麼男人佩戴黃金會傷身體等等。

也就是在我剛到沙烏地阿拉伯的那兩年，當地女人常常冒險開車以表達對禁令的不滿。一個女人開著小巴載著九個朋友出遊，結果在途中被攻擊，四死六傷。不管這個新聞是真的，還是出於恐嚇，確實都嚇壞了正打算開車出門的女人。

我在第二十七天的日記上寫下這樣一段話：

來到阿拉伯的第二十七天，原本澎湃的思緒已經平靜了下來，正式進入乾枯期。這幾天感冒，走不出去，思緒也被鎖了起來。一片死寂，偶爾冒出一陣一陣的焦慮。我從來沒有這麼樣的無話可說，我想念台北的公車，它讓我的腦袋空氣流通。像是要進入一段旅程，把過去留在車門外，從此思緒飛揚。

移動是最讓我感到自由的方式，看著窗外沒有一刻靜止的風景，就像望著閃著波光的海洋，我的想像與情感開始到處亂竄，在每一個轉角和紅綠燈前，寫詩作畫。

多年來，我在公車上找到最好的點子、完成最難搞的文案，甚至思索我最難解的人生問題，目的地從來不是重點，愈遠愈好，直到糾結的情緒慢慢化開，我再度打起精神，買好食物，重新回到我的人生。

我從來沒有想過我會想念它。那是一段閱讀故事的過程，每一個故事只停留兩到三秒，隨之倒退在車窗之外，另一個故事馬上進入，拉著你的思緒不斷往前，持續運轉。軸帶斷裂了，我的靈光掉落一地……我竟然在一個剛開始的旅程中，想念台北的公車。

顯然失去自主性困擾著我，那是一種心理上的挫敗，久而久之，變成一種精神上的壓迫。就像某個你所在意的人在盛怒中所說出來的一句話，它不是顯而易見的立即性傷害，卻深深刺痛著你，它是一種更加深遠而長久的影響，鑽進陰影處，內化為你對自我的懷疑，以及自我價值的貶抑。

我急欲掙脫這隻看不見的怪獸。有一段時間，我就像個預謀越獄的囚犯，計畫著各種出逃的方式。我的逃獄標準是：不仰賴任何人，不遷就氣候與時段，在任何時候，都可以一個人移動。

我選了一個早晨行動。距離學校最近的去處是達蘭購物中心，開車十分鐘，走路要四十分左右。出發的時候，我背上兩公斤重的筆電與不知道多重的書，穿上黑袍，開始在太陽底下行走。走出校園花去了我十五分鐘，出了校園，達蘭購物中心看似近在咫尺，卻有一種明明很近、卻怎麼也走不到的好近之感。

最難的是過馬路。我站在一個結合十字與上下高架橋的路口，考慮到底要看哪一個紅綠燈。其實看哪一個都沒有用，因為那都不是給行人看的紅綠燈。心驚膽跳地穿過車陣之後，我忽然可以理解曾經也這樣走過一回的安柏，為何如此堅決反對我步行到達蘭購物中心。

我繼續行走，感受到陽光在我身上帶刺的乾燥熱度。下一條要過的馬路沒什麼車流，但是路面寬闊，車子行走的速度飛快。我站在路邊，算著車速與距離，等待足夠讓我跨越這條大馬路的時機。遠方的車輛卻愈開愈慢，並且在距離我大老遠的地方停了下來，後方的來車跟著也停了下來。我看著有如摩西分紅海的一幕，傻在那裡。他們大概是被路邊的黑影……我是說女人……給嚇到了。我受寵若驚地通過被淨空的馬路，宛如女王走過紅地毯從一排靜止的車輛之前走過。抵達達蘭購物中心的冷氣口時，全身發燙的我已經去掉了半條命，轉頭看見沙烏地阿拉伯女人正優雅地下車，忽然明白她們才是真正的女王。

接送女性家族成員在這裡被視為男人的一項神聖任務，如同中世紀的騎士般，男人會義不容辭地從工作中請假或是從課堂中蹺課，就為了接送老婆、媽媽、女兒、姐姐或妹妹。這是一個非常正當的理由，而且不會有任何人表示異議。這個國家甚至考慮過引進外來的女性計程車司機，讓其他國家的女人來服侍沙烏地阿拉伯女王，以免除女性乘客遭男性計程車司機性侵的風險。

走路這個方式很快從我的出逃計畫中剔除。後來我才知道，幾乎每一個外籍太太都曾經做過同樣的嘗試，她們也都和我一樣，沒有人願意走第二遍。我曾經想弄一台帶有把手的滑板車，彷彿有人已經知道女人會來這一招，妳只能在這裡找到兒童用的滑板車。我也曾經想過乾脆穿上男人的白袍，女扮男裝騎腳踏車出門，但其實沙烏地阿拉伯男人愛車成痴，除了外籍勞工，沒有男人會穿著白袍騎腳踏車。

有回我與友人前往外籍勞工的聚集地科巴爾做日常的採購，這裡以菲律賓人居多，散發著一種熱鬧、活力、隨興的亞洲城市氛圍，擁有外地工作者食衣住行等所需的一切。當我們走過一家專門販賣勞工用品的專賣店時，一件連身工作服就掛在門外，那是此地外籍勞工上工時都必須穿的工作服，如同一種身分的標示。友人布蘭達突然停下來，指著那件工作服笑著對我說：「純如，妳要不要買一件回去穿，這樣妳就可以騎腳踏車去達蘭購物中心了！」

## 女人巴士

其實學校也是有巴士的，只是它的功能與我們想像中的巴士相差甚遠。

與其說是巴士，不如說是購物接駁車，只通往商場、市場與各大賣場，方便男人去工作時，女人可以自己出去買菜。巴士一天只有兩班，一個禮拜開五天，星期天去科巴爾購物街，星期一去達蘭購物中心，星期二去達曼市場，星期三去拉希德購物中心，星期四則輪流去前四個地點。比起Aramco一個小時就有一班、每一班都經過無數地點、並且沿途停站的真正巴士線，也算聊勝於無。

我一認識新朋友，就與她們相約搭乘學校巴士，一起到Shopping Mall買菜、喝咖啡、打發時間。巴士的時程表訂是這樣訂，不過司機常常不按牌理出牌，帶你到別的地方去。例如，星期天原本該科巴爾購物街，結果巴士開到了拉希德購物中心。有時一個學期之後，巴士時間與目的地整個大洗牌，我們永遠摸不著頭緒，猜不到巴士今天要開往哪裡去，有一種遊戲之感。有時時間到了，巴士卻沒有出現，一個朋友等了幾天等煩了，打電話過去問，接電話的人說：「啊！來了！來了！」還沒掛掉電話就說：「Shit，居然有人打電話來。」

巴士上全是女人，所以我稱它女人巴士。因為大家平時都悶壞了，所以一上巴士女人們的招呼聲不斷。巴士成了女人們的社交場所，搭一次巴士，各國太太妳已經認識了一半。哪個太太懷孕了，哪個太太小孩生了，哪個太太回鄉了，哪個太太要回來了，都發生在巴士上。女人們來來去去，上面的臉孔也隨時在變，只要有一些熟面孔消失了，就會遞補一些新面孔。曾經，我也是別人眼中的新面孔。

女人巴士又小又擠又爛，一路晃個不停，女人們一邊在座位上彈跳，一邊抱著嬰兒，在鬧哄哄的高頻中進行高難度交談。巴士早晨八點半出發，十一點半就回來，而大多數的商家十點才開門，於是女人們下車後移往咖啡館繼續交談。女人真正可以逛街、挑選、考慮、比較、猶豫、採購、後悔的時間，只有一個半小時。如果你是女人，你就會知道一個半小時是買不到什麼東西的，因此在回程的巴士上，我們的第一句話總是：「有沒有買到妳要的東西？」

十一點半，女人準時推著嬰兒車，牽著幾個小孩，扛著大包小包的雞蛋、牛奶、生肉、蔬菜、衛生紙，站在正午的烈陽下等待遲到的巴士到來。一邊羨慕地往旁邊看，一旁就是Aramco的公車站牌，那裡有個遮陽的棚子，底下的女人正在等待她們的豪華巴士。短短幾個小時的放風後，女人必須在中午準時回家替老公做飯。女人的老公大多早上教兩個小時，下午教兩個小時，中午不但可以回家吃飯，還有時間睡個午覺。安柏工作的地方比較遠，他懶得回來，我也樂得輕鬆，引來一群太太們羨慕的眼光。

回家後我脫掉長袍、摘掉草帽與太陽眼鏡，坐在椅子上喘氣，散熱散得差不多以後，我開始思索著，接下來該做什麼好呢？

14

# 計程車事件

雖然我一向不怎麼居家，但我還滿懂得自得其樂的道理。我把多到滿出來的時間拿來讀書、上網、拍照、寫字、發呆、煮飯、養貓、交友、生氣、沮喪、胡思亂想，以及處理我從台灣帶過來的工作。但是在來到這的九個月後，我正式向整天待在家裡的生活投降。

那是一個二月天。我與安柏剛結束斯里蘭卡的旅行，回到家的第二天，安柏照例出去上課，夏天出生的小貓依舊頑劣，附近清真寺的唱誦一樣五音不全，我照常坐在電腦前，苦思下一篇要交給公司的文稿架構。我看著四周，突然覺得這個空間每天都一樣，每次抬頭，都是同一面牆。我起身，到處尋找平時被我忽略的角落。沒有，完全沒有。一向太重的桌椅、一移動就被安柏移回來的花瓶、永遠吸不乾淨的地毯、被小貓玩到垂頭喪氣的盆栽……這房子每一個角落我都熟悉不過。最後，我攤倒在沙發上。

我想出去，去哪裡都好。隔天一大早，我跟著安柏出門，搭他便車，到 Shopping Mall 報到。早上八點多，Shopping Mall 的門還緊閉著，已經有一批和我一樣的阿拉伯女人在外頭等著，或者應該說，我和她們一樣在外頭等著。我正式加入了阿拉伯女人的行列，每天等著 Shopping Mall 開門。

我是唯一沒有蒙面也沒有包頭的外國人，我們每個人一身黑地在外頭坐著。我開始明白，她們並不是太有錢才每天往 Shopping Mall 跑，她們和我一樣，無處可去。在嚴苛的沙漠環境裡，這裡的 Shopping Mall 反倒有世界級的舒適，光是咖啡館，就有二十多家，不來這裡，還能去哪裡？我帶著筆電，找了一家咖啡館坐下來。裡頭沒有音樂，幾個女人提著印有 ON SALE 的購物袋在一旁歇腳，一個女人從下而上將面紗拉出一個縫隙，把蛋糕塞進那個縫隙，然後重新蓋上。一個家庭帶著四五個小孩進來找地方坐，單身男人待在他們的區域滑著手機。這裡的咖啡館與氣氛、文青，完全扯不上邊。中午一到，店家開始關門趕人，拜拜念經的時候又到了。下午還有三場禮拜時間，與其在這邊被趕來趕去，我乾脆起身回家。

女性朋友總交代我不要坐 Shopping Mall 外的排班計程車，她們說太危險，最好還是打電話叫學校約聘的計程車。我不以為意，心想何來危險之有，這個地方總是繪聲繪影的事一堆。況且計程車也不好叫，學校約聘的計程車司機多來自印度，他們認為自己在說英文，我卻一個字也聽不懂。打電話叫車對方又不一定有空，不是車上有客人，就是在吃飯。從路邊招來的阿拉伯司機又聽不懂你說什麼，搞不清楚你要去哪裡。Shopping Mall外面排班的司機有些懂英文，一看見我，馬上圍了過來，問我要去哪裡。我說去K.F.U.P.M.（法德國王石油礦物資源大學的簡稱）。

阿拉伯司機們：「二十五沙幣。」

我：「通常是十五沙幣。」

阿拉伯司機們：「通常是二十五沙幣。」

我：「我坐很多次了，都是十五沙幣。」

阿拉伯司機們：「二十沙幣，走吧。」他自己先走了。

我：「不，十五沙幣。」我還站在原地。

一個年輕的阿拉伯司機突然插進來：「OK，走吧。」

我脫離一群阿拉伯司機，跟著他上車。

這個年輕司機頂多二十多歲，戴著棒球帽，沒有穿白袍，長得不錯，屬於美式年輕人的那一掛。我很快就想起了我搭過他的車，還和他聊過幾句。他告訴我這裡的人要生幾個小孩都可以，一個、五個、十個，都可以，生出來，就是阿拉的應允。他也記得我，只是他忘了我們上次的對話，所以又對我做了一次身家調查，諸如從哪裡來，結婚還是單身，做什麼工作等等，我又幫他複習了一次。

緊接著，是和上次不一樣的話題。

他：「中文的 Hi 要怎麼說？」

我：「你好嗎？」

他：「妳好嗎？那 Good 要怎麼說？」

我：「我很好。」

他：「我很好。那 You are beautiful 要怎麼說？」

我：「你很漂亮。」我開始覺得怪了。

他：「妳很漂亮。」他開始臉紅了。

然後他要我教他中文，他再教我阿拉伯語，我敷衍了他幾句，就不說話了。誰想學啊。

他：「妳會功夫嗎？」
我：「不會。不是每一個中國人都會功夫。」
他：「那妳會嗎？」
我：「我不會。」不是跟你說過了嗎？
我不是很想說話，但他卻好像不說話不行。
他：「妳在這裡會寂寞嗎？」
我：「不會啊。」其實我寂寞得要死。
他：「妳有單身的朋友嗎？我想要交朋友。」原來是想交女朋友。
我一方面覺得他有些無禮，一方面又覺得他好可憐，長得不賴，只可惜長在這裡，連個認識異性朋友的機會都沒有。
我：「沒有呀，我認識的都是別人的『太太』。」這時計程車轉進了學校的管制入口，我開始望向窗外，心想怎麼還沒到。

他：「妳會馬殺雞嗎？」

我：「什麼？」我知道他說的是馬殺雞，只是從他口中說出來非常奇怪。

他：「馬殺雞。妳知道馬殺雞嗎？」果然是馬殺雞沒錯。

我：「知道啊。」

我後來才明白，女性朋友們之所以勸我不要搭外面的計程車，是因為當地男人普遍認為外籍女子比較開放。他們多多少少知道外面的世界長什麼樣，知道外國女子有不一樣的遊戲規則，由於跟女人搭訕是被禁止的，於是他們將目標轉向外籍女子。在他們眼中，信奉阿拉的阿拉伯女人就像聖女貞德，而我則是任人調侃的網路妹。

說到底，男女之間的搭訕也沒什麼大不了的，全世界的男人都會做這件事，只是生活在沙烏地阿拉伯的高壓氛圍中，因為比較缺乏練習的機會，所以也容易弄巧成拙。那些沒有技巧又非常幼稚的搭訕方式，一不小心，就變成性騷擾，如同好萊塢青春電影裡的呆頭鵝少年。但是這個阿拉伯司機已經不再那麼青春。

他：「妳喜歡馬殺雞嗎？」

我：「喜歡啊。」既然要講，我看你要講什麼。

他：「妳會幫你老公馬殺雞嗎？」開始要露出真面目了。

我：「不會。我喜歡別人幫我馬殺雞，不喜歡幫別人馬殺雞。」

計程車終於轉入我住處的大街。

他：「妳要我幫你馬殺雞嗎？」

我：「你說話要小心。」他只是尷尬地笑笑。

計程車轉入我住處的小巷。

他：「那妳要我幫妳馬殺雞嗎？」還不死心。

我：「那你要問我老公囉。」

他：「哈哈哈。」他笑得可開心的哩。

計程車來到我住處的門口。

他停好車，再問一次：「妳要我幫你馬殺雞嗎？」

我正好掏出十五沙幣：「那是你付我錢還是我付你錢？」他大吃一驚，接過錢的手在空中停了好幾秒，有點遲疑地說：「我付妳錢？」我關上車門，想得美喔。走向住處時，我回頭看，他還紅著臉，笑得樂不可支。

在那之後，我就不敢不聽我女性朋友的話。雖說不是特別不愉快，但也不是個愉快的經驗。幾個月後，我從布蘭達那裡聽到關於她越南朋友的遭遇。越南太太每個禮拜四會準備越南菜讓教職員訂購，她的客戶多是住在單身宿舍的光棍男教師。某個星期四一早，她照例一個人到超級市場大採購，和我一樣，她搭上了等在Shopping Mall外頭的計程車。下車的時候，她到後車廂提起大包小包的食材，計程車司機趁著她空不出雙手的時候突襲她的敏感部位，她大叫，屋子裡的老公聽見了，出來扭人，將色司機交給學校警衛。越南太太一直哭，心情大受打擊，沒多久，就回越南了。布蘭達說，類似的事件多的是，這就是學校裡的外籍太太不單獨搭外面計程車的原因。

隔天，我照常搭安柏的便車去Shopping Mall，然後打電話給學校約聘的計程車司機，固定請一個叫安華的印度司機接我回家。安華很年輕，頂多三十歲左右，個子很高，身材很好，戴起墨鏡頗有模特兒的架勢，總是穿著一襲乾淨硬挺的襯衫搭上牛仔褲，從後座看過去賞心悅目，還有古龍水的味道。每當我該回家了，我就打電話請安華來接我，活像找了男朋友送我回家。

安華與那個阿拉伯年輕司機有著天差地遠的修為，除了禮貌性的問候，他從未主動與我攀談，只是安安靜靜地開車，安安靜靜地送我回家，而我也總是安安靜靜地坐在後座，不發一語。直到接送了快一個禮拜，安華才在我下快車的時候，問我從哪裡來。

我一個人在Shopping Mall閒逛難免會買東買西，安華每次來接我的時候，總會看見我提著不同店家的提袋。我突然明白，阿拉伯女人給人很有錢又很會買的印象大概是這樣來的，雖然我們花費的金額天差地遠，但一樣都是無聊使然。

坐在安華的車上，我覺得我更像是一個貴婦了，但是這樣做了一個禮拜之後，我就又膩了。我沒有再搭安柏的便車，也沒有再請安華來接我，我知道，我又得想新的把戲了。

# 第4部

# 來約會吧！

15

# 阿杜拉和卡里

阿杜拉和卡里是安柏的學生，安柏和我與他們兩人一起到黎巴嫩餐廳吃飯時，他們只有十九歲。兩人同樣有著濃眉、厚唇、卷卷的頭髮，還有一路從下巴連上鬢角的落腮鬍。穆斯林男人認為鬍子可以增加男人的威嚴，一臉鬍碴讓未滿二十歲的他們看起來就像三十幾歲的成熟男人（以台灣的標準）。

他們都來自吉達。吉達與我們所處的達蘭，分據沙烏地阿拉伯的兩邊，一個在西岸，一個在東岸；一個面向紅海，一個面向波斯灣。安柏說，阿杜拉有個雙胞胎哥哥，兩人都在他的班上，都留著長髮，他總是分不出來哪一個是哪一個。後來身為弟弟的阿杜拉剪去了一頭長髮，安柏才終於知道哪一個是哥哥，哪一個是弟弟。後來哥哥沒有繼續上課，回到吉達去讀醫學院。

阿杜拉和卡里都來自富裕的家庭，才十九歲的卡里，不只看起來像三十歲，說起話來也像三十歲。他說他曾經到過英國留學。他的父母與這裡大多數的父母一樣，只要有點錢，就會拚命把孩子送出國。所以卡里的英文很好，甚至很有國際觀，他說，他現在已經不相信電視了，任何事情，除非他親眼看見才會相信。卡里說話時，一邊抽著菸草，菸草被放進精緻的金屬容器內，他操作著這個我沒看過的玩意，就像把玩著玩具。他將玩具放進嘴邊吸著，手臂還留著原子筆寫上的數學公式，那是他作弊用的小抄。

卡里十七歲的時候，他爸爸買了一輛跑車給他。這不是什麼大不了的事，如同將他送出國，都只是在這個什麼都不能做的國家，安撫孩子、滿足孩子的一種方式。所以卡里喜歡開快車。他當然喜歡開快車，速度帶來快感，掌握方向盤穿梭在車陣中他感到無比自由，這國家很難有其他「娛樂」能讓他感到如此自由。所以卡里也吃了很多罰單，他爸爸再也不讓他開那輛跑車了。

「妳覺得這裡怎麼樣？」他們問我。他們都知道台灣，也知道台灣與中國的微妙關係。但很可惜的，除了石油和沙漠之外，大多數的台灣人對這個地方一無所知，所謂的中東只有一個版本，那就是被歐美媒體妖魔化的那個版本。他們很好奇我怎麼看這個地方。阿杜拉說他一些出生在倫敦的親戚到現在還會問他：「你們都騎駱駝旅行嗎？」

卡里吐了一口白煙，慵懶地安坐在椅子上。他的一舉一動都吸引著我，我幾乎快要忘了他的年紀。他們糾正了我在旅行書上看到的訊息，包括女生不能單獨出門、不能單獨在旅館留宿、除了眼睛什麼都不能露等等。他們說，在吉達，女生甚至可以穿比基尼去海邊。「只要女生願意，或是家人允許，女生其實可以不用蒙面，連頭髮都不用遮。」他們說，那些蒙面的女人不是活在封閉的世界，就是來自傳統的家庭。「那你們可以交女朋友嗎？」他們咯咯笑了幾聲。卡里給我們看他手機裡的照片，一開始我以為我看到的是假人模特兒，照片中的女生身材火辣，穿著無肩平口的性感上衣，看起來就像小賈斯丁當時的女友、美豔版的席琳娜。那是卡里的女朋友。

我必須承認，他們與我想像中的沙烏地阿拉伯人有著很大的出入，不過我也必須提醒自己，富裕的沙烏地拉伯人通常同時過著兩種截然不同的生活，只要有錢就有管道，要酒有酒，要毒品有毒品，要女人有女人，這個道理在哪裡都一樣，在這裡也沒什麼不同。受到禁令影響最大的，永遠是走不出去的窮人，而爸爸從事進口業、擁有很多間餐廳、家裡還有廚子的阿杜拉和卡里，並不在此列。

眼前這兩個十九歲青年已經做過許多旅行，他們樂於接觸外面的世界，卡里甚至到過亞洲，包括馬來西亞、印尼、菲律賓、東京。我相信，有一天他一定會觸及台灣。他們和全世界的青年都沒有兩樣，他們喜歡踢足球，喜歡西方的流行音樂，喜歡喝可口可樂，他們在國外時，甚至會到酒吧跳舞，和女生說話，認識國外的女生。

午餐結束後，他們開車送我和安柏回家。安柏和他們第一次吃飯的時候，是這兩個學生付的錢。卡里說，在阿拉伯的傳統中，不能讓外來的人付錢。這真是好傳統！不過，這次我們堅持付了錢，並且約定，下次回到他們的傳統。

# 16 青年的世界

安柏的學生大多是十七八九歲的年輕人。他們剛從高中畢業，一邊在通往未知的路徑上徘徊，一邊準備大學入學考試，順利的話，他們就會進入法德國王石油礦物資源大學。這是沙烏地阿拉伯最好的大學，往往只有高中前幾名的學生才考得進來，這也是一個只收男學生的學校。專業知識也有性別之分？那還用說嗎？這裡是沙烏地阿拉伯，男女隔離是必然的。

因為全校都是雄性動物，女人被禁止進入這所大學的教學區域。台灣友人筱佳初到之時，在不知情的情況下前往學校的研究室，打算與在那裡工作的老公益鈞碰面。快到相約地點時，一個警衛突然跑出來擋住她，神色驚恐地說：「妳……妳……妳怎麼會在這裡！」「我……我……我來找我老公！」「妳不知道這些青少年……這是一件很嚴重的事情，妳知道嗎？」警衛環顧周遭穿著白袍的男學生，彷彿在警戒一群有著白色毛髮的飢渴野獸，而筱佳的黑袍是最醒目的目標。筱佳無法再繼續往前，只能打電話給益鈞。益鈞接到電話莫名其妙地跑了過來。「她必須離開！」警衛警告著益鈞，好像周圍的白色野獸隨時都會撲上來，責怪他沒有做到丈夫的責任，讓自己的老婆陷入危險的情境。隨後警衛將筱佳護送上了警衛車，以最快的速度將她逐出了教學區域。

會有多嚴重呢？一般來說，女人獨自走在街頭的機會並不多。一方面女人去哪裡都需要男人接送，一方面女人多半都會結伴而行。不約而同的，我在這裡的朋友多多少少都遇過性騷擾事件。去市場買菜被摸屁股的、請人到家裡維修被趁機吃豆腐的、因為一個微笑就被沿路跟蹤的，更不用說那些開車繞著妳轉對妳狂亂吼叫的青春期男孩們。

從小到大，除了有血緣關係的女性親屬之外，大部分的青年沒有機會、也沒有管道接觸其他女性，所以他們才會想到 Shopping Mall 閒逛，就只為了看女孩子。他們有時成群結隊，專找落單女子展現雄風，尤其是單獨行動的外籍女子，即使妳認為微笑是一種全球共通的禮貌，但是請不要在沙烏地阿拉伯對陌生男子微笑，他會以為妳是妓女，並且給妳電話號碼要妳打給他。亞洲妓女在中東的確是存在的，而且為數不少。

我習慣晚上獨自在校園散步，總是可以看見一群青年駕車繞著街區轉圈子，在無人的轉角處呼嘯而過，對妳鬼吼鬼叫。即使是大白天，我獨自在 Shopping Mall 外圍低頭行走，車子也會朝妳開來，年輕的臉孔對妳說些妳聽不懂的阿拉伯話，興奮地笑著叫著，像極了在樹上吼叫晃動的黑猩猩。如果妳不懂得這裡的文化，還會以為自己是什麼絕世美女。

安柏教授的課程有點類似大學的先修班，主要在加強學生的英文與數學能力，學生如果考試沒通過，基本上是無法上大學的。儘管如此，大部分的學生都顯得不情不願的，有些是父母要他們來的，有些是因為不知道自己要做什麼，有些是來這裡跟朋友聊天打混的。當地人念大學是免費的，彷彿這樣還不夠，政府還會付錢請你來上課，只為了鼓勵沒有現實壓力的阿拉伯青年接受教育，但似乎並不怎麼奏效。這所大學的碩博班很少有當地人，研究生大多是來自其他國家，包括巴基斯坦、菲律賓、印度、葉門等其他中東阿拉伯語系國家，沙烏地阿拉伯自己的學生則到別的國家念書，因為出國念書政府會補助更多。即使是大學的先修班，只要你去上課，一個月都會收到一千沙幣的獎勵金，相當於七千多台幣左右。這所學校的英文老師一部分會被派到達曼的社區大學支援，安柏就在其中，雖然是同樣的師資，但是社區大學的學生沒有獎勵金，因此招生比較困難，能招到的，多是程度比較不好的學生。

「他們都很好。」安柏不止一次地強調，回家時又氣憤又疲憊。他在課堂上所花的最大力氣，大概就是讓他們專注在課堂上。「只要一逮到機會，他們就會滑手機，一講再講，他們還是這樣做。」十二個學生中，真正在聽課的大約有五個，這五個還只是勉強克制住滑手機的慾望。然而不管用不用功，問到他們的目標，每一個人都說要進小美國Aramco，再來他們也想不出其他的了。這裡的低階工作都已經由巴基斯坦、阿富汗、孟加拉的外籍勞工給取代，技術性的工作都由菲律賓人、印度人給遞補，專業性工作也由敘利亞人、黎巴嫩人、巴勒斯坦人、埃及人、蘇丹人給撐住，除了石油業與礦物業之外，實在也沒有什麼其他的工業。除了椰棗之外，我找不到任何沙烏地阿拉伯製造的商品。進到Aramco去，是他們唯一的白日夢。

進Aramco，不然就出國念書。我所認識的阿拉伯人不多，但只要是有點錢、社經地位好一點的家庭，都有分散在歐美國家念書或定居的家人，諸如姐姐在加拿大、哥哥在德國、姑姑在英國、舅舅在義大利等。安柏的學生麥可對自己的爸爸非常不滿，他說他哥哥已經在美國好幾年了，他爸爸到現在還不肯送他去美國。毫無意外的，麥可的爸爸就在Aramco工作，他們一家人都住在Aramco的圍牆裡。麥可邀請安柏到Aramco一起打網球，我因此得以一窺這些阿拉伯青年口中的夢中國度。裡頭是一座迷人的美國小鎮，西方女子穿著細肩帶上衣露出一雙美腿在黃昏的溫暖光線中跑步，沒有圍牆的美麗花圃，到處洋溢流動的輕鬆氣氛，只有公園裡的巨大仙人掌與禁止吸水煙的標誌可以提醒我正身在阿拉伯世界。

從小在 Aramco 長大的麥可，一點都不喜歡自己的國家，他正處於追求新鮮與刺激的年齡，他覺得這個國家正在剝奪他享受青春的權利。安柏的學生大多穿著白袍與紅白頭巾來上課，愈是虔誠狂熱的穆斯林，愈是堅持這樣的傳統裝束。被西方同化是他們心裡最大的恐懼，雖然很多時候，他們眼中的西方文化僅是氾濫的毒品與隨意的性。像麥可這樣的年輕人，則喜歡T恤牛仔褲的西方裝扮，某種程度，他其實就是一個美國人，跟全球大多數的年輕人一樣，過著美式生活。麥可不在乎，他恨不得逃離這裡。

許多學生自知自己程度不好、考試一定不會過，從一開始就進入了放棄模式。他們出現在教室裡的唯一理由，是因為跟父母交換了條件。遇上這樣的學生，安柏會適時地請他們自己出去喝杯咖啡。偶爾還是會出現幾個讓安柏激賞的聰明學生。即使是最差、最笨的學生，大多也能聽能說英語，因為這裡的外地工作者實在太多，吃飯時是菲律賓人服務你、叫計程車來的是印度司機、家裡又有印尼或衣索比亞的女傭（據說因為衣索比亞女傭太強悍，要改從斯里蘭卡進口女傭），不會幾句英語實在很難在外面混。雖說靈巧的印度人與語言天分極高的菲律賓人總是先學會了阿拉伯語。說到學生的讀寫能力，改考卷的安柏只會一邊搖頭一邊吐血。

安柏的學生們很喜歡找他聊天，曾經有一個學生問他：「你是穆斯林嗎？」「不是。」

那名學生無法理解怎麼會有人不想信奉唯一真神，「為什麼？」的確，這裡有許多英文老師都是穆斯林，他們來自英國、美國、愛爾蘭，膚色有黑有白，非常一致地留了一臉大鬍子與一顆乾淨的光頭。就像回到久違的家鄉，他們和阿拉伯人一樣，動不動就生四五個孩子，並且還在繼續努力中。他們在這裡如魚得水，不像安柏與其他為了豐厚薪水而來的英文老師，必須時時提防自己在尋常的談話中被送上反恐法庭。與安柏在課後一起抽菸聊天的同事兼好友佛格總是提醒他，千萬不要在公共場所談論宗教，那時沙烏地阿拉伯剛公布一項新政策，凡是無神論者都算恐怖分子，警察可以就地逮捕你。

其實，不管你的宗教信仰為何，文化習俗為何，青少年就是青少年，放諸四海皆準。他們也會作弊，也想要攀越日常生活中那道看不見的牆，並且期盼現實世界裡有所謂出口這種東西。公開的音樂在這裡是被禁止的，但是有一回，安柏赫然發現英文課本中居然有一課以〈What a wonderful world〉這首英文歌為教材。這套牛津出版的通用性教材，在進入沙烏地阿拉伯以前已經經過審查，凡是觸及宗教人士敏感地帶的內容與照片都遭到刪除。顯然是漏掉了。安柏覺得那是一首好歌，既然出現在課本裡，他決定放手一試。

那一天，他在的課堂上播放了〈What a wonderful world〉這首歌。一個學生大喊：「Haram! Haram!」Haram 是阿拉伯文「禁忌」的意思。他是班上最虔誠的學生。

其他的學生也跟著大喊，但都是在噓他：「走開啦！」「閉嘴！」於是他起身，走了出去，不讓這首歌汙染他的耳朵。大約十分鐘後，他確信這首歌已經播完，才再度走進教室，回到座位上。在安柏班上，像他這樣特別虔誠、一板一眼的穆

斯林，其實是極少數中的少數。大部分的年輕人都喜歡出國，到附近同是伊斯蘭國家但相對開放的巴林、卡達、杜拜和黎巴嫩度假，在那裡的酒吧喝酒，找女孩子聊天。

我和安柏居住在沙烏地阿拉伯的期間，曾經到附近的伊斯蘭國家旅行，不管是土耳其人、埃及人、阿曼人或是敘利亞人，一聽到我們住在沙烏地阿拉伯，沒有一個人不搖頭，同是穆斯林，他們認為這個國家做得太超過了。

17

# 生命與自由

所以這些年輕的生命喜歡車。沒有一個出生在沙烏地阿拉伯的年輕男人不喜歡車。開車是他們體驗自由的方式，方向盤在他們手上，完全由他們掌控。一個父親要安撫他快抓狂的兒子，如果不能送他出國，那麼至少送他一輛車。再怎麼說，車輛在這裡都是必需品。沙烏地阿拉伯和美國一樣，幅員廣大。和美國不一樣的是，大城市裡並沒有像樣的大眾交通工具。安柏的學生開車上學，他們無從發洩的精力完全展現在開車的速度上。他們隨意變換車道、在前後車輛間鑽進鑽出、打電玩遊戲似的玩實體賽車，充分展現了他們的冒險性。

飛車甩尾秀在這裡很受歡迎。作為一種競賽與運動項目，那是你轉到體育台會看到的節目。在我看來，那是在比誰能用最狂暴的方式虐待引擎以製造出車尾最大最濃的黑煙，或是在比誰能用一輛車最不該有的搖擺飄移在水泥地上壓出最深最黑的輪胎車痕，彷彿整個比賽的目的就是在操壞一輛車。每輛車也的確幾乎分崩離析。穿著白袍的男人在一片烏煙瘴氣之中圍觀，個個灰頭土臉。這是極具危險性的競賽，我曾經看過一段影片，一輛高速甩尾的車子突然失控，在空中高速翻滾，飛出車體的除了輪胎之外，還有斷手斷腳的人體。

這個不行，那個不行，玩命總可以。阿拉伯男人在飛車特技中將自由發揮到極致，這種藉由操控車子來展現的自由意志，不僅出現在表演會場上，也時常出現在高速公路上。「開車很容易，連猴子都會開。」安柏的學生這樣說。如果整條路只有你一個人在開，那也許的確如此。顯然高速公路上的許多駕駛都同意這句話，不打方向燈、不走在車道上、不理會交通號誌等都還只是小事，在這裡屬正常之事。但如果你看見有人把高速公路當成賽車道、把方向盤當成遊戲操控器、在車子與車子之間的縫隙鑽來鑽去，十之八九都是年輕人的傑作，他們身體的荷爾蒙正在改變。

「太可怕了！」賈馬是一個美國黑人，一個虔誠的穆斯林，他與安柏共用一間辦公室，那天早上他一臉鐵青，一見到安柏就神色不寧地喃喃說著自己剛剛目睹的慘劇。就在他開往學校的路上，他看見一輛小轎車在大卡車左側，大卡車左轉時，小轎車不但不減速，反而加速想要超越，被大卡車從側面撞上。賈馬將車停在路邊，趕忙下車查看，敲打小轎車的窗戶，想要搶救裡面的駕駛，仔細一看，裡面坐著一個他認識的學生，學生的脖子被拉得老長，一動也不動，成為那一年的車下亡魂。

我不記得我在這個地方看過什麼交通警察，就在年輕人為自由付出極大代價的同時，政府與宗教團體顯得有點事不關己，他們什麼都管，唯獨交通不管，使得沙烏地阿拉伯成為全世界交通事故死亡人數最高的國家，二〇一〇年的一份報告指出，平均一天有十七人死在通往意外的路上。這個國家看起來很大，其實也才兩千七百多萬人，和台灣的人口差不多。

安柏每回開車都提心吊膽，他盡可能地遵守所有交通規則，還得全程繃緊神經注意其他來車，時不時的，總有發了瘋的車子對我們狂切與壓車。這裡的大車顯然都認為，只要壓過去，小車會自動退散，事實的確也是如此。我們租來的車子外殼敲起來就像塑膠，根本不堪一擊。如果兩台車大小相當，互不相讓，就會演變成小擦撞，每回上路，我們至少會看到一起這樣的小車禍；在尖峰時段裡，一趟下來三四起也是有的。難怪這裡的車子總是東凹一塊，西掉一塊，反正都是要撞，乾脆不修了，是吧。

## 騎馬與開車

阿拉伯人開車的方式獨樹一格，看過他們騎馬之後我才明白他們的開車風格是怎麼來的。

半月灣是一個如新月般懸在波斯灣上的半月形海灣，那裡有幾處沙灘，如同沙漠與海洋的交界處。除了幾處私人海灘，半月灣沿岸盡是空蕩蕩的平坦地平線，平常只有風陰陰地吹過，沙子漫無目的不知道要飛去哪裡，但是一到假日，半月灣沿岸就會變成阿拉伯人的游牧地點，他們在車子旁邊鋪上地毯，擺上家當與烤肉架，就著海水，等待太陽掉進水裡。

有一處空地，一到假日就會變成遊樂園。騙小孩的巨大充氣滑梯、只有蒼蠅光臨的飲料爆米花販賣部、租借四輪摩托車的小販，以及沿著海水一字排開的車輛與烤肉架。在開車前往沙灘的途中，我們會看見貝都因人從沙漠的那一邊冒出來，牽著駱駝與馬匹跨過馬路，去到海洋的那一邊。駱駝與馬匹都被打扮得花枝招展，馬匹後面拖著一輛用俗麗布料與廉價塑膠花裝飾而成的馬車，駱駝背上則被堆出一座帶有傘蓋的宮殿，貝都因人牽著牠們，身上的長袍不若阿拉伯人有著死白般的潔淨，在燒烤與風沙混合而成的煙霧裡走來走去，吸引著用黏膩之手拿著烤玉米的孩子的目光。

「一千沙幣！」一個牽著駱駝的貝都因人對我們開價。世上沒有比騎上這些被打扮得俗不可耐的可憐傢伙更愚蠢的事了。「二百沙幣！」一轉身，貝都因人對著一對阿拉伯父子開出不一樣的價格。大部分時候，駱駝背上沒有人，因為阿拉伯孩子與他們的父親一樣，喜歡充滿機械感的動力，當小孩騎在四輪摩托車上神氣地輾過滿地馬尿與駱駝屎時，貝都因人只是牽著駱駝繞圈子，或是坐在馬匹的陰影下什麼都不做，遙想著遠方。

除了攜家帶眷的家庭以外，單身的青年也會成群結隊來到這裡，他們同駕一部車，在駱駝、馬匹、四輪摩托車之間無聊地繞著圈圈，一面高速地呼嘯而過，一面對著車外狂笑叫囂。有些青年會騎馬來，他們在馬背上狂奔，在高速中放開韁繩、高舉雙手。他們是來炫技的。我看著目瞪口呆。一個青年站上了馬背，腳下的馬匹繼續狂奔，完全沒有停下來的意思。他們騎進了海裡，在海中賽馬，在那些靠著水邊烤肉的人面前，激起一大片水花。

馬匹上，這些青年仍然保留了天地之間的壯闊豪情，他們操控胯下那頭狂野生物的方式，與他們駕馭車輛的方式如出一轍。他們花了很多時間在馬背上測試自己的極限，就跟他們用盡各種方式要操壞一輛車練習飛車飄移完全一個樣。

想想，阿拉伯人從沙漠走入城市也不過八十年間的事，他們跳下馬背、坐進有冷氣的機械裡更僅僅是幾十年間的事。所有的阿拉伯人，過去都是貝都因人，他們在沙漠中居無定所，不受法律與政策的約束，他們在馬背上狂奔，也不需遵守什麼交通規則，手上的韁繩換成方向盤，他們一點問題也沒有，照樣隨興地左拉右轉，一到假日就駕著現代馬回到空白之地，駐紮在天地之間。

馬背上的人，才是馬匹的操控者，不是交通規則，不是紅綠燈。我想，如果我是騎馬的人，我會讓我的馬乖乖跑在其他馬屁股後面嗎？不會。我會在加速超越前一匹馬時先舉紅旗警告跑在後面的其他馬匹嗎？大概也不會。我會在其他馬匹向我逼近時，趕緊策馬讓開嗎？當然不會！

安柏的學生每人都有一匹現代馬，這個馬背上的自由，大概是唯一任何人都剝奪不了的自由。

18

# 妻子的條件

我也想要有一匹現代馬。在台灣生活三十多年，我從來不覺得我需要一輛車，到這裡，我強烈體驗到失去行動自由的痛苦，人生第一次，我想要去考駕照，但考來做什麼用呢？女人又不能在這裡開車。

女人的自由不在馬背上，在Shopping Mall裡。一個父親要如何安撫處於青春期的孩子？是兒子就給他車，是女兒就給她錢。女人可以自由地決定去哪一家店、自由地決定買哪一樣東西、自由地花錢，所以Shopping Mall總是「女人」滿為患。同樣的道理適用在婚姻關係裡，多少丈夫的薪水在女人的手上付諸流水。「女人被寵壞了。」他們總是這樣說。但是日子久了，男人們就會知道這是值得的，因為她開心，你才會開心。金錢是她們唯一可以運用的自由，也是他們唯一可以給她們的補償，隨著我因為失去自由而發的脾氣愈來愈大，我從安柏那邊要來隨意花用的零用錢也愈來愈多。

安柏曾經在一堂練習中要學生去辯論「女人開車」的好處和壞處。他認為那些看起來愚蠢的禁令都是些當權者畏懼宗教團體所做的討好動作，等不及想要聽聽年輕一代的想法。也許不久的將來，這些相對西化的年輕人會漸漸改變一切。

「贊成讓女人開車的舉手。」年輕一代的阿拉伯少年，大部分都舉手了，這不讓他驚訝，讓他驚訝的是，其中一個沒有舉手的學生，是一個嚮往美國的西化學生。他問學生為什麼？「如果讓女人自己開車，萬一半途車壞了，她們自己不會修理，會被困住。」那個學生這樣說。「就算是男人，也不見得會修理啊。」安柏心中這樣想，當然，他沒說出來。他已經學會了不去抵觸當地人的想法。當地人相信，女人在那樣的情況下將遭遇危險。

有一年我和安柏經常吵架，安柏大概從中獲得了靈感，設計了別出心裁的練習題目。那堂課的主題是婚姻，安柏列出了十項特質，讓學生勾選他們選老婆時最重要的前三項特質，然後討論。這十項特質分別是「善良」、「信仰虔誠」、「長得漂亮」、「工作能力」、「幽默風趣」、「溫馴順服」、「溝通能力」、「愛小孩」、「聰明才智」和「廚藝好」。

「長得漂亮」果然不負眾望，獲得了最高的票數，另外入選 TOP 3 的兩項特質分別是「溫馴順服」和「聰明才智」。其他各有人挑選的是「信仰虔誠」、「幽默風趣」、「愛小孩」和「廚藝好」。剩下「工作能力」、「溝通能力」與「善良」三項，完全沒有人挑選。顯然沒有男人在乎他的妻子有沒有「工作能力」，如果她「溫馴順服」，那麼「溝通能力」也就不是那麼必要，甚至她是不是個「善良」的善類都不重要。有趣的是，男人選妃最不重要的這三項正好是我認為女人挑選老公最應該看重的 TOP 3。「信仰虔誠」排在「工作能力」、「溝通能力」與「善良」之前，頗具當地特色，在這裡當一個虔誠的穆斯林妻子，的確可以省去丈夫許多疑神疑鬼的煩惱。

## 丈夫的條件

儘管年輕人挑選理想妻子的條件落入了俗套，但有一項事實倒是叫我與安柏大感訝異。在宗教法之下，沙烏地阿拉伯男人可以合法討四個老婆，當安柏問學生理想的老婆人數時，每個人都只想要一個妻子。也許他們只是不好意思坦白，或許，年輕人本就是一種理想性的動物，他們大多數都還沒談過戀愛，初戀是神聖的，是排他的，是一種愛到天荒地老的精神狀態，直到時間介入，熱情冷卻，經驗遭到挫折，肉體隨著心態垂垂老矣，他們才會重新考慮四個合法妻子的選項。然而最實際的原因，最主要的理由，有可能是……討老婆是要花錢的。

男人可以討四個老婆，條件是，每一個老婆都必須得到等同的對待。大老婆有房子，二、三、四老婆的房子也是跑不掉的，因此不是每個男人都討得起一個以外的老婆。結婚時，男方給女方家庭的聘金禮金不可少，過去，五萬沙幣（約三十幾萬台幣）就可以討一個老婆，隨著物價節節高升，現在沒有十萬沙幣（約七十幾萬台幣）是討不到的。這裡沒有台灣為了鼓勵新人結婚只要到戶政事務所登記一下一毛都不用花這種好事，婚姻在這裡還是關於兩個家庭的利益交換與社群締結，對年輕人來說，在父母買單與支持下，目前只能討一個老婆，再多的，就要靠自己以後多多努力了。

克里斯是安柏的同事，來自英國倫敦，是黑人，也是穆斯林，他有一個妻子，兼具安柏學生們所選的理想特質TOP 3：「長得漂亮」、「溫馴順服」和「聰明才智」，並且在這裡的女子學校裡教書。他們一共有五個孩子。

「他老是看起來很快樂。」有一次，我和安柏在散步，克里斯開著保時捷箱型車經過我們時，安柏這樣說。我看見一個英俊黝黑的臉龐對著我們笑，閃著一排白牙。「他專程跑到杜拜買一雙六百美金的特殊慢跑鞋。」安柏說，克里斯對衣著非常講究，身上總有最新的行頭，每回看見他都很有派頭。一個看起來高貴又時髦的年輕王子出現在我的腦海，隨即，就由滿腹的疑問給代替。也許是那陣子常跟安柏為了錢吵架，現在我滿腦子又現實又無趣的問題，諸如他的老婆如何同意他如一個拜金女般打扮自己的揮霍方式，同時可以好好照顧五個孩子。我們後來得知克里斯來自一個富裕的家庭，在倫敦有房子還可以收租金，這或許解釋了克里斯不息成本花枝招展的行為。大概過了一年左右，我們才知道原來克里斯去杜拜不只買鞋，還買了其他東西。那陣子，他美麗聰明的妻子向女子學校的同事哭訴，她的丈夫將要去杜拜和另一個女人結婚。我們非常同情他的妻子，但是在神的應允之下，克里斯沒有背叛任何人。

## 第二個妻子

當安柏在班上調查學生們有幾個兄弟姐妹時，他被學生反問：「老師你是說我爸爸那邊的，還是我媽媽那邊的？」

格拉姆是愛爾蘭人，一臉的聰明樣，過去在英國當蘋果電腦產品的銷售員。他賣蘋果賣了大半輩子，有一天賣煩了，跑到大學去教英國文學，結果教到了一個來自沙烏地阿拉伯的學生。教著教著，他從英國教到了沙烏地阿拉伯，和安柏是同事，而當年那個沙烏地阿拉伯學生已經變成了這裡的高官，在政府的刑事單位工作，專門管哪個罪犯殺頭不殺頭。

「他要娶第二個老婆了。」格拉姆與那個沙烏地阿拉伯學生後來成了朋友，友誼一直至今，他聊起了那位高官的近況。當時是耶誕節，在這裡，耶誕節得偷偷地過（因為阿拉是唯一真神），耶誕樹裝飾必須到菲律賓人開的店私下詢問，然後用不可思議的高價買到小得不能再小的走私耶誕樹。那陣子，格拉姆的新婚第二任老婆（他也是她的第二任）剛抵達沙烏地阿拉伯，邀請幾個同事包括我們到他們家裡去過節。他老婆待過英國美食界，釀了一手好葡萄酒，私釀的葡萄酒要釀得好喝非常不容易，但我們很快就喝掉了好幾瓶，她還做了一整套道地英式料理招待我們，可惜我一向對烹飪興趣缺缺，所以到底是什麼道地料理，我已經忘得一乾二淨。

「她才十九歲。」格拉姆說。那位高官大約四五十歲左右，他在一個又窮又偏僻的小村莊找到了她，把她安置在一個小公寓裡，還沒有讓大老婆知道。他打算找個機會讓兩個女人相處看看，再決定什麼時候告訴大老婆。

寫這些東西著實讓人喪氣。許多人要我寫下我沙烏地阿拉伯的生活，殊不知一個地方生活久了，最後都只能貼在地底上爬行，毫無夢幻之處，尤其在這樣一個毫無情趣的國度，簡直百無聊賴到一個地步，光亮的那一面早已散去（曾經有過嗎？），最後只能拿著手電筒去探照床底、几下、水槽底下與冰箱後的縫隙，那裡陰暗、汙濁、布滿灰塵，誰也不願去看一眼，也因此我數度開寫，又數度停筆。

再討一個十九歲的老婆是什麼意思？基於伊斯蘭教義，穆斯林不能離婚。變節、通姦、淫亂、賣淫都在一長串會被叛死刑的罪名裡。愈是遵守教義的穆斯林，愈不可能選擇外遇或是召妓來解決自己未被滿足的慾求。多討一個老婆，其實是勞民傷財又吃力不討好的解決方法。

我無法不以自身的經驗，去揣測十九歲女孩未來的命運。和我一樣，她對這個城市全然陌生，除了帶她來到這裡的男人，她一個也不認識，小公寓是一個小窩，也是一座監牢。她未來的開心與否，全仰賴一個男人的開明與慈悲，因為在這裡，女人歸男人管，一個女人終身都需要一個男人當保證人，小妻結婚之前，保證人是她爸，結婚之後，保證人變成娶她的男人。我之所以可以來到這個國家，也是因為有安柏當保證人，若非如此，我不可能以單身女子的身分獨自前來。

對我來說，保證人最實際的功能在簽名。就像我辦圖書館的借書證需要安柏的簽名一樣。他們老是說，女人當然可以在這個國家獨自旅行，只要妳能出示保證人的簽名……妳當然可以單獨在旅館外宿，只要妳能出示保證人的簽名……妳當然可以獨自出國，只要妳能出示保證人的簽名……也不管那女人多大、多老了。但到底是要保證什麼呢？

## 請簽名

耶誕節過後沒幾天，我們原班人馬從英國陣營移到了希臘陣營的弗格斯與卡崔娜家中一起過新年。卡崔娜也是弗格斯的第二任妻子，過去一起在希臘經營英文補習班，希臘破產之後才來到這裡。該是卡崔娜大顯身手的時候了。她一樣出了全套的道地希臘料理，到底吃了什麼，我一樣忘得一乾二淨。

卡崔娜是很典型的歐洲女人，和她老公一樣有很大的菸癮，有說不完的話，說話時表情動作一起來，非常有戲劇效果。她和我一樣，跟著老公來到這裡，但是她非常有本事，給自己找了個在當地女子學校教英文的差事。這裡可以裝瘋賣傻的消遣不多，於是我們又回到了令人喪氣的話題。

「沒有丈夫的簽名，警衛不會讓她們踏出教學大樓半步。」卡崔娜說完挑眉聳肩，嘴角下垂，為這句話加上類似「哎呀呀」的視覺表現。她的學生有些都已經三十好幾，是好幾個孩子的媽了。

警衛不放她們出去，是要避掉女人藉由這個機會和別的男人見面的可能，學校負擔不起這個責任，或說惹不起這個麻煩。一個女人的行為由她的保證人來負責，所以警衛不看理由，看簽名。如果她有保證人同意讓她走出教學大樓的簽名，那麼今後她在校園的哪一個角落偷偷交了男朋友，就是保證人自己沒有做好看管責任，這個時候不用勞煩別人，她的男人會親自處理，榮譽處決就是這樣來的。這使我相信，一個女人如果有難、急需要幫助，同樣的心理很可能讓所有人袖手旁觀，讓整個社會很有共識地加入共犯結構。我倒是沒有在沙烏地阿拉伯當地聽到榮譽處決的案例，我在這裡所聽到的，都是以其他更愚蠢的方式造成悲劇。

「我朋友的媽媽，就是死在沒有丈夫的簽名。」卡崔娜提到她的一個當地好友。她爸爸死後，她媽媽生了一場病，必須出國開刀，但是出國開刀，必須出示有丈夫簽名的許可證明，只是人都死了，哪來的簽名？

「後來她媽媽沒辦法出國開刀，然後就死了。」卡崔娜再度聳肩挑眉，嘴角下垂。事情發生後，知道這個故事的女人都趕忙請自己的丈夫簽三份不同用途的許可證明，備著用。

女人需要男人嗎？如果是生活在這個國家，那真是太需要了。男人長得帥不帥不重要，有沒有錢不重要，可以活久一點比較重要，還要記得送他去做婚前健康檢查。

如此，一個十九歲的花樣女孩願意千里迢迢嫁給一個有家庭、可以當他父親的男人也就不足為奇。有太多迫切的理由，唯獨愛情的理由例外，愛情既不迫切，也很難發展，除非雙方家庭引介，曠男怨女根本無從認識家族成員以外的異性。可能連談意願都是奢侈的，女孩來自貧窮的小村莊已經說明了一切。貧窮還只是小事，如果女孩失去了父親，又同時沒有兄弟可以當她的保證人，這時出嫁便是她唯一且最迫切的選擇，因為沒有保證人，她的人生將永遠無法開展。這個時候，如果連她新婚的丈夫都死了，那麻煩就大了，她將沒有機會再找一個男人來簽名，即使她可以再嫁，但我很懷疑在這個過度強調女性貞節的社會會有男人願意娶一個不是處女的女人。她將無法工作，無法遠行，如果貧窮同時找上她，她將無法養育嗷嗷待哺的子女，很可能就此走上流落街頭的命運。

我曾經感到非常疑惑，何以一個如此富有、青年安逸成性、還得撒錢請他們去讀書去就業的國度，還是可以看見人民在街上乞討？小孩子站在分隔島上，每當紅燈一亮，他們就將骯髒的小臉貼在停下來的車窗上，食指向上（請給我一塊錢），一輛貼過一輛。蓋著黑布袋的女人坐在豪華商家門口，手心向上，像個會說話的黑色塑膠袋向經過的人要錢。她們有時候會走進店家，一家一家向店家與裡面的客人乞討。她們通常好手好腳，並非是身體或心靈殘缺而失去工作能力之人。女人或小孩。我從沒看過在路上乞討的男人。

整個社會對待女人如同對待小孩一樣，將她交給一個男人來看管，完全隔離這個他們所說的危險世界，卻在她失去男人的時候，讓她無法在社會上生存，成為一名有著成人體型的棄嬰。

「她們都是非常好的學生。」卡崔娜拿她和學生們的合照給我們看。除了卡崔娜之外，其她人黑成一片，看不見身體，也看不見臉。「她們都很好。」這句話好耳熟，安柏也常常說他的學生「他們都很好」。

照片是卡崔娜的學生畢業時拍的。剛開始，她們都打扮得美美的，沒有黑布袋，也沒有蒙面俠，開心地與彼此合照。直到卡崔娜拿出自己的相機，她們逃的逃，躲的躲，怎麼

也不肯在卡崔娜的相機裡留下合照。「因為妳不是穆斯林。」她們對卡崔娜說，「妳一定會給妳老公看，或是放上臉書，讓其他的男性朋友看到。」

「嗯，事實也是如此。」卡崔娜挑眉聳肩，嘴角下垂。所以只要是卡崔娜相機裡的合照，她們每個人又重新穿回黑罩袍，包頭蒙臉，從此以後，卡崔娜再也記不得誰是誰。

# 第5部

# 遠方來的人

## 19 暴露狂

我從來不知道生活可以這麼累人。彷彿腳下布滿了地雷，你蹩腳地跳上跳下，還得一面留意突然改變的風向以及有沒有可疑的氣味。生活在一連串的戰戰兢兢展開，我們不知道哪天又會碰到人家什麼樣的禁忌、又會掉到什麼樣的陷阱、什麼時候又會被突然從角落跳出來的未知給撲倒，儘管我們自以為對這個地方已有足夠的了解。又或者我們永遠也無法理解。

我老是聽到安柏突然大叫。湊過去看，發現他手上的報紙或是雜誌總是東掉一角、西缺一塊。秉持一貫的原則，對於任何不小心挑到宗教人士敏感神經的言論、議題與照片，沙烏地阿拉伯皆遵照對付女體的方式，拿一塊黑布來蓋住，眼不見為淨。

西方出版的進口報章雜誌最是體無完膚。有一次，安柏喜歡的那份報紙刊登了一篇跟耶

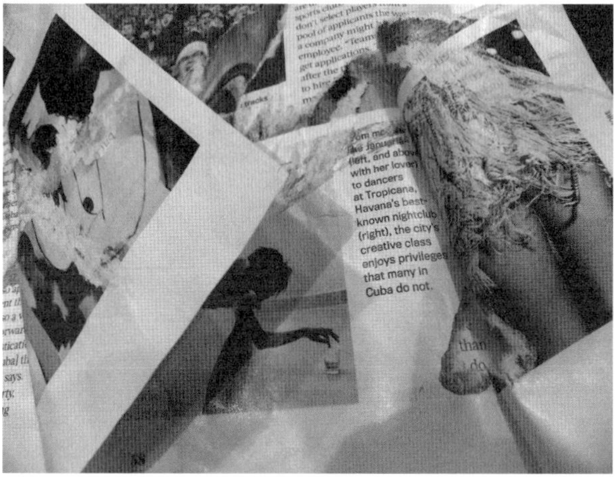


穌有關的文章。阿拉是唯一真神，所以那篇文章從版面上被撕去是可預見的事，不過安柏會大叫，是因為他看到一半的文章剛好接續在耶穌的背面，也一同被撕去了。撕是一種方式，黏是另一種方式。有一次雜誌上提到了同志題材，於是那一整頁，連同隔壁頁安柏想看的文章，面對面地被糨糊緊緊地黏在一起。安柏大叫。

會被動手術處理的議題大致不出耶穌、耶誕節、同志、毒品，當然還有女體。我曾經在圖書館翻閱非洲部落的攝影集，只見原始部落的黑人女子胸口都被黏上一截白膠帶，有一回白膠帶跑到一本介紹古文明的書裡，牢牢貼在一件古代雕刻品的胸部上。有時連藝術議題都會遭受波及。安柏大叫，因為雜誌上有一篇介紹巴西藝術的文章，幾張女性裸體畫與攝影作品被面對面黏在一起，我實在很想看，於是慢慢地撕，看到一個屁股蛋，

١٣٤,٨٥
١٠٩,٠٠
1 PC
109,00
53×180×185
حوض سباحة إنتكس
INTEX FAMILY SWIM CENTPOOL
THE WET SET
INTEX
185 cm x 180 cm x 53 cm
73" x 71" x 21"

那種想看又看不到的感覺，反而更讓人興奮。

那一年蕾哈娜出了新專輯《道歉太難》。蕾哈娜在專輯封面上高舉手臂，配上她凶猛又淫蕩的招牌表情，看似一絲不掛，但是皮膚部分加上了黑色的塗鴉設計，頗有蒙太奇的拼貼之感，「這設計真搶眼。」我心想，殊不知後來回到台灣再度看到這張專輯，發現原來蕾哈娜是露出胸脯的，我以為是視覺設計的塗鴉，其實是沙烏地阿拉伯人用黑色麥克筆一張一張塗上去的！

替所有印刷品上穿太少的女人用麥克筆補穿衣服，可是一個大工程。凡是裙子太短、肩帶太細的紙上美女，都會被加上一件黑色的內搭褲或是內搭衣。安柏看的外來雜誌大多是在一家專賣西方食材的超市買的，安柏等結帳的時候，我在一旁翻雜誌，翻到一本當地的新娘雜誌，「原來這裡的新娘也穿白紗啊……不過……」不管模特兒穿什麼樣的婚紗，凡是露肩露胸露背露手臂的地方，都被加工穿上了一件類似發熱衣的黑色內搭。

夏天快到的時候，游泳圈、塑膠游泳池等玩水商品在賣場一字排開，包裝盒上的大人小孩穿著泳衣坐在水裡笑，一家子和樂融融，但是裡頭總有個黑影，黑影有時候在爸爸旁邊，有時候在小孩中間，有時候只是靜靜地待在一旁，好似鬧鬼了。仔細一看，包裝盒上的家族成員似乎不太完整，有爸爸，有小孩……媽媽不見了！都怪媽媽穿太少，慘遭黑色麥克筆侍候，成了一縷幽魂。

那陣子，台灣朋友託我帶沙烏地阿拉伯的 IKEA 型錄回去。當時有個國際新聞，指出所有沙烏地阿拉伯版 IKEA 型錄的成人女性都會被修掉，成了全球唯一沒有女主人的 IKEA 型錄。朋友想要收藏作紀念，我是連拿都不想拿。

有時候安柏買到的報紙會特別薄，平常一份有八張的報紙，買到的時候剩四張不到。他看見《國家地理雜誌》封面上有他想讀的專題，買回去後發現整個專題都被撕掉……這種土法煉鋼的資訊控制法不僅叫人歎為觀止，也叫人懷疑，到底需要多大部門、多少人力，才有辦法每天一份一份、一頁一頁地檢查？還得在這幾千萬份紙張上撕、畫、黏、改，像小學生永遠做不完的美勞作業。

不過他們也有打瞌睡的時候。安柏在英文課程上使用牛津出版的一套通用性教材，教材進入這個國家以前照例該刪的刪、該改的改，搖身一變為純潔的沙烏地阿拉伯版本。這套教材還有一套供老師備課的光碟，有天，安柏在辦公室裡打開光碟，「你們快來看！」安柏對著其他同事指著他的電腦螢幕，上面是一張有比基尼女郎躺在上面的海灘圖片。

GARAGE

其他同事紛紛效仿安柏打開光碟，尋找〈觀光旅遊對環境的影響〉這篇文章，卻只看到滿地垃圾的沙灘圖片。「哇！為什麼我們都沒有？」同事們大失所望。顯然審查單位漏掉了安柏那張光碟，讓比基尼女郎得以重現，為平日陰氣不足的辦公室帶來難得的興奮與刺激。

任何一個女模特兒來到沙烏地阿拉伯都會覺得氣急敗壞。走一趟 Shopping Mall，只見被展示在 ZARA、MANGO、GAP、H&M 店面外牆的女模特兒個個面部模糊。她們穿得美美的，但是臉部一律被馬賽克侍候。讓我不明白的是，那些透明薄紗、蕾絲、吊帶、高筒襪的性感內衣卻被大膽地展示在櫥窗、好好地穿在沒有頭的人形模特兒身上，一群穿黑袍的女人在一堆螢光色系的性感內衣中挑選，拿著丁字褲與豹紋薄紗向男店員結帳，這不免讓我遐想起一些情色畫面。

那些帶著矛盾的遮掩動作有時會延伸到現實世界來。那天我和一票女性朋友照常搭學校巴士到 Shopping Mall 打發時間，我和馬來西亞華人朋友布蘭達走在一起，台灣友人筱佳和韓國友人 Kyong Lavelle 帶著六歲的兒子走在後面，我們因為聽見一個男人大吼而中斷了談話，前方有一個阿拉伯男人向我們走了過來，又對我們吼了一聲，我們驚異地看著他。

的臉上。

「蓋住妳的頭髮！」他又吼了一聲。他有一張我看過最恐怖的臉，怒氣與仇恨糾結在他

基於尊重這個國家的文化，我們和所有當地女人一樣，在身上裹一層黑布袋，遮去所有的身體曲線。現在這個阿拉伯男人要我們蓋住我們的頭髮。我們不是穆斯林，並不需要包頭巾、蒙面紗，所以我們繼續往前走，對他不理不睬。

「蓋住妳的頭髮！」他跟在我們後面繼續吼著。

「不要看我們！」布蘭達回頭要他看好自己的眼睛，我則睜大眼睛看著因為被觸怒而失控的布蘭達。

布蘭達是出生、成長在馬來西亞的華裔，從小受盡馬來孩子對她的嘲笑與排斥。馬來人對其他種族的排斥與歧視超乎我們的想像，除了馬來血統之外，所有外國人都形同次等人，被笑吃豬肉骯髒、被欺負，乃至於為被欺負的妹妹出頭，而在公車上和包頭巾的馬來人打架，都是布蘭達對穆斯林沒好感的成長記憶。現在，布蘭達好似要將過往承受的

怒氣一股腦兒地發洩在這個阿拉伯男人身上。

阿拉伯男人跟在我們身後吼，布蘭達不時回頭吼回去，我們就這樣走了一段路。

三個西方女子經過我們，男人改向她們大吼，「蓋住妳的頭髮！」三個西方女子看都不看他一眼，作勢從包包裡掏出圍巾。每個女人出門都會在包包裡準備一條圍巾，為的就是要應付這種令人氣結的狀況，只要一離開那個對妳大吼的男人的視線，通常圍巾還沒完全掏出來就又給放了回去。

「妳看！」那個男人向我們炫耀那三個西方女子必須聽他的話，彷彿我們是不聽話的小孩。這個粗魯無理的男人秀出他的證件，他就是傳說中沒事在 Shopping Mall 裡到處找碴的宗教警察，當地人叫「Mutawa」，專抓沒蓋頭髮的女人、和女人搭訕的男人，以及任何不符合伊斯蘭教體統、會引起他慾念的男人和女人。宗教警察連當地人都討厭，如同一個假神氣的小學風紀股長，也像一個會打人的中學訓導主任，或是一個披著黑色斗篷遮去半邊天的惡魔，只為了讓生命沉寂，讓大地虛無。

阿拉伯媽媽 Bedoria 帶她女兒來我家裡喝茶的時候，我跟她們提起了這件事。Bedoria 大感訝異，「妳們又不是穆斯林……不用理他。」宗教警察雖然有警察兩個字，但是他們依據的是伊斯蘭戒律，而非國家的法律。然而所有曾經與宗教警察發生衝突的外地人都證明了一件事：任何反抗都是在質疑神賦予他們的權力，所有爭辯都對自己沒有一點好處，只會更加激發他們的邪惡本質，如果他們想要，他們就是有辦法送你進監獄。

「蓋住妳的頭髮！」宗教警察窮追不捨地跟著我們進了家樂福，我們一邊挑菠菜、蘿蔔，他在一旁嗡嗡作響，台灣友人筱佳不堪其擾，乾脆乖乖聽話戴起了頭巾，於是他轉而跑到布蘭達身後嗡嗡作響，「蓋住妳的頭髮！」

我們都不是熟練的包頭者，戴上頭巾的筱佳一伸手抓蘿蔔頭巾就跟著滑落，在布蘭達那邊不停碰壁的宗教警察會再度跑到筱佳身後，「蓋住妳的頭髮！」如此來來回回對她糾纏不休。那個宗教警察並沒有來煩我，我剛在台灣剪了短髮回來，也許我對他來說跟男的沒有兩樣。

直到我們提了大包小包的青菜蘿蔔罐頭衛生紙離開家樂福，宗教警察都還沒放過我們，他把警衛叫了來，跟著我們進到咖啡館。嫩嫩的警衛看起來一臉無可奈何，配合宗教警察玩權力遊戲，宗教警察絕對是我在這裡看過唯一有強烈意志力的沙烏地阿拉伯人。

「妳的居留證？」警衛配合演出。現在連咖啡都沒得喝了。

這個宗教警察並非真的那麼在意我們的頭髮，他是衝著布蘭達來的，因為布蘭達擺出了她習慣面對馬來穆斯林的防衛姿態。她很習慣承受這樣的惡劣態度，也很習慣回嘴維護自己的尊嚴，只是這個宗教警察並不習慣被人吼，所以已經不是蓋不蓋頭髮的問題了。

「我跟他們去，妳們待在這邊！」布蘭達不願意跟宗教警察低頭，她只是對同行的我們感到抱歉，這個男人糾纏她也糾纏得夠久了，像一個沒要到糖打死不退的幼稚鬼。布蘭達走了出去，讓兩個男人跟在身後，帶著一種壯士一去不復返的豪情姿態。

布蘭達最後被要求畫押，在一份聲明上留下指紋。宗教警察留下她的資料以後，將居留證還給她，並且警告兼恐嚇，如果被他抓到三次，就要怎樣怎樣。完全就是一個風紀股長。

我們並沒有因為這樣就蓋上頭髮，我們只是換了一間 Shopping Mall。看來，宗教警察會影響生意的傳言是真的。

حمام
W.C.

# 20 同性戀

剛來到這裡的時候，我被新鮮的事物炸得一塌糊塗，不是在找東西，就是在找地方，每每我還未開口，就有人將我正在找的東西遞到我面前，或是直接引領我到我正在找的地方。陌生男人的紳士行為，讓我受寵若驚。

好幾次，我排在男人後面，等著結帳、通關、辦事，卻被直接叫到最前面去，還以為自己做錯什麼事。女人好似都不用排隊，總是優先被服務。不知道是心虛還是愧疚，在看得見的場合上，男人對女人顯得極度尊重，所以如果排隊的人潮洶湧，男人最好派老婆出馬。也許他們只是不喜歡看見女人混在男人堆裡，又也許女人長期被當成小孩來對待，所以男人自覺有責任和義務去保護女人、主動提供女人協助。然而，就因一切皆起因於極度的不平等，這種極度的尊重有時也顯得極度的怪異。

我很少被虔誠的穆斯林男人正眼看待過。如果我與安柏一同出現，他們打招呼或是談話的對象永遠是安柏。即使安柏將我介紹給他們，他們仍舊緊緊地盯著安柏繼續談話，彷彿我是個隱形人。如果安柏在這個時候走開，他們大概寧願低頭看著地面，打死也不願和我四目交接。

台灣友人筱佳有次出門忘記帶鑰匙，向鄰居家求救借電話，出來應門的男主人低頭斜眼看著距離筱佳三十公分的地板與她說話。借她電話時，雙眼直視自己的雙腳，奉行「不直視妻子與親人外的女人」的條約。

在公共場合裡，每個女人都是裹上黑

衣的女神，神聖不可侵犯。因為人神殊途，所以男人女人絕對不能混處，不管是餐廳、咖啡館、醫院候診室、車站候車室等，都要分單身男子區與家庭區，有些販賣女性商品的商家甚至掛上「Family Only」的牌子，禁止單身男子進入消費。

一進到咖啡館或餐廳，我習慣找窗明几淨的位子坐。雖然我背後沒有長眼睛，但我馬上感覺到好幾雙飢渴的眼睛從四面八方射過來，看見滿室的男子，我才驚覺「又」誤闖禁區了。不能怪我，單身男子區總是有最充足的光線、最開放的空間，以及最自由的視野，讓我一股腦兒地往那裡衝。不像家庭區，像是邪教的祕密基地，必須走後門繞道而行，不刻意找還找不著。裡頭陰暗、沉悶、封閉而密不透風，有一股令人想死的空氣。

原本應該是透明玻璃的地方，往往被貼紙整面貼起來，不讓外面的人看見女人摘下面紗的面容、女人的吃相，當然，裡面的人也看不見外面。在裡面吃飯，就跟把自己關起來差不多。到餐廳吃飯，誰不是要享受氣氛、光線、空間、看與被看的樂趣？好幾次，即使是在骯髒的小吃店吃飯，我們還是會被趕進更加骯髒的密閉家庭區，關在裡面吃飯。

餐廳的單身男子區清一色都是男人，家庭區卻不見得只有女人。攜帶老婆、女兒、媽媽等女性家族成員的男人，理所當然地可以進到家庭區裡去，和其他人的老婆共處一室吃飯。所以，家庭區另備有簾子或是屏風，女人拿下面紗露出嘴巴吃飯時，男人可以要求服務生架屏風，擋住其他男人的視線，如同國王的密室，關上一層又一層。有些女人不摘下面紗也能吃飯，她們將面紗由下往上掀起一點點，憑感覺抓距離，巧妙地將湯匙塞進面紗底下的縫隙裡，不偏不倚地送入口中，叫我歎為觀止。

我很好奇男女隔離如此嚴格的地方，要怎麼談戀愛？雖說婚配對象多是雙方家庭安排的，但是結婚之前，男女主角總要見個「面」吧。

菲利普倒是有一個親身經歷的經驗。菲利普是個紐西蘭人，年紀輕輕就當上了廣告公司執行長，一次癌症讓他的人生大轉彎，彷彿跳電般，與妻子離婚，到處旅行，也不知道是什麼原因來到了沙烏地阿拉伯。菲利普長得好看，英俊瀟灑，幽默風趣，是個滔滔不絕的說故事能手，他總是聚會上的焦點，頑皮幼稚的個性像個大男孩，同時又趨炎附勢到極點。他時常到昂貴的高級場所去認識沙烏地阿拉伯的王子們，為了在這塊情慾沙漠裡解決他生理上的需求，還刻意成了穆斯林，只為討一個老婆。他在利雅德認識了一個朋友，他想也許可以娶他的女兒，於是那個朋友安排他來到家中，喝茶聊天。當時，那個朋友的女兒就在暗處觀察他、看他的長相。從頭到尾，菲利普都沒見到那個朋友的女兒一眼。整個過程，就像中國古代的場景。後來，菲利普還是選擇透過網路認識了一個摩洛哥的穆斯林女子，那是個西化又現代的美麗女人。他們結婚的時候，她才十八歲。他們在兒子兩歲時離婚，她帶著兒子回到摩洛哥，菲利普隨後人間蒸發。

菲利普的行徑令人不敢苟同，卻也點出了當地單身男子的處境。有膽的話，你可以將A片或是《花花公子》塞在行李帶到這個國家試試看。女色的禁絕在這裡是全面性的，色情圖片與網站被封鎖，報章雜誌都經過檢驗，模特兒假人一律沒有頭部，女模特兒唯一露出的臉部也要打上馬賽克，全面封殺男人的想像空間。

矛盾就在這裡，最合理之處通常也是最不合理之處，我每每從空白、沒有氣味、到近乎是無菌室的外頭返家，打開電視，卻又是另一個世界：騎過鉛球的麥莉在MV中一絲不掛地在鏡頭前吐舌摸胸自我挑逗，碧昂絲在黑夜裡穿著薄紗全身濕透陷入嗑藥後的高潮，英國影集裡的男主角脫下女主角的內褲從背後進入逞慾（所以中東世界才視西方文化為毒蛇猛獸？），我只是打開電視，還沒像其他男人設法繞過網路管制的銅牆鐵壁，照樣能下載被政府封鎖的A片或裸露照片。偏偏出了門，不是男人就是包起來的女人。

男人真命苦。單身漢在這裡是很可憐的，完全沒有任何機會碰觸女人的身體，有錢如菲利普尚且可以假裝是穆斯林討個老婆，甚至討兩個、三個、四個老婆，但如果一個男人注定是個窮光蛋，不是給活活悶死嗎？

也快被悶死的我看《憂鬱的熱帶》看得津津有味，李維—史陀前往巴西研究仍維持原始生活的印第安人，那個衰亡中的族群基本上是一夫一妻制，酋長例外，他幾乎獨占了群體中所有最年輕最漂亮的女人，造成族群可婚男女比例的失調，於是其中的一族以一妻多夫制來解決這個問題，另一族則容許正值青春期的男子以同性戀的行為度過沒有女人的尷尬期。

有太多的原因，讓這裡的男人比我在任何地方看到的都還要彼此親近。大多數時候，他們就跟軍中同袍一樣，只能跟彼此混，一起吃飯，一起禱告，在清真寺裡肩並肩，皮膚對著皮膚，感覺前面那個男人正跪下他的膝蓋，聽著並肩的那個男人吐出細細的禱詞，禮拜前一起洗腳，禮拜後一起光腳尋找自己的鞋子，作為兩性絕對隔離中的其中一性，他們是一個親密的群體。

伊斯蘭教對男性情誼的重視是公開的，就在男人不能找女人攀談的同時，男人跟男人見面時二話不說必定先來個臉頰對臉頰，一邊一個吻。就在男人結伴到Shopping Mall裡看女人被警衛趕出去的同時，男人跟男人卻可以公開地手牽手，一起逛街，一起談心。

同性戀在這裡當然是死刑的，但是在這種情況下，你很難辨別得出來，那不是兄弟之情而已嗎？只有一種情形例外，就像丹尼爾，安柏的另一個同事，一個舉止陰柔的男人。

丹尼爾是美國人，像他這樣年紀輕輕就來到沙烏地阿拉伯的人不多，對年輕男人來說，沙烏地阿拉伯簡直是人間煉獄，但是丹尼爾畢業之時剛好碰上美國不景氣，他打算來這裡工作幾年，好償還自己的助學貸款。

安柏剛來此處時沒有車，於是就搭丹尼爾的便車。丹尼爾說話的時候，肢體語言非常豐富，「你知道嗎？」他一手抓著方向盤，一手先碰一下安柏的腿，然後繼續他的話題……「喔，對了！」他又想到了另一個話題，一手抓著方向盤，一手碰一下安柏的肩膀……有時候碰觸多了，他也會不好意思，「嗯，抱歉，希望我這樣不會造成你的困擾。」他碰一下安柏的手這樣說。「不會。」安柏轉頭對他微笑。

丹尼爾說話像女孩子，走路像女孩子，甚至心思都像女孩子。所有人都知道他的性向，就連學生也知道，但是沒有人會去說什麼。外籍英文老師和學生的關係可以像朋友，安柏的學生時常邀請他一起吃飯，一起打網球，他們說服安柏在課堂上彈吉他，並且直接邀請他到自己家裡去作客，沒有人會因為跟學生私下往來而惹上麻煩，除了丹尼爾例外。

導火線是丹尼爾在課堂上談論當地不同的族群，他對某個族群的言論與玩笑話，惹惱了一個正是該族群的學生。那個自尊受損的學生回家跟他父親告狀，並說丹尼爾是個該死的同性戀，還曾經約他單獨吃飯。那個父親怒不可抑，致電校長施加壓力，要求將他的兒子轉出丹尼爾的班級。

「他是個看起來聰明、安靜的小夥子。」那個打小報告的學生後來轉到了安柏的班上，一身白袍、頭戴小白帽，還有一臉的大鬍子。穆斯林認為鬍子可以增加男人的威嚴，愈是虔誠，鬍子愈大、愈長、愈蓬。一個人的信仰程度通常來自他的家庭，可見那個學生的父親有多痛恨丹尼爾。丹尼爾與學校的合約即將在夏天到期，合約到期以前，學校會提早幾個月給教師新的合約，就算無意續約，也會提早幾個月給你一封信。新合約用白色信封裝，叫人滾蛋的信則用牛皮紙袋裝。當時，所有的英文教師都跟丹尼爾一樣，密切地開開關關自己的信箱，看看有沒有白色信封躺在裡面。那一年，躺在丹尼爾信箱裡的，是一個牛皮紙袋。

誰不知道這裡缺英文教師缺得要死，學校的態度再明顯不過了。他們都說時代在改變，的確，你可能不會因為你是同性戀就被送上斷頭台，因為在他們找到證據以前，你已經先失去了你的工作。丹尼爾憤憤不平地回到美國。

從那之後，其他老師整天小心翼翼，避免碰觸敏感議題，就怕和丹尼爾有一樣的遭遇。儘管如此，還是有老師不小心踩到地雷。那是一個危險的陷阱。在那堂練習課程中，老師們必須自行提出一個題目，讓學生去辯論其中的好處與壞處。一個來自澳洲的老師上了當，讓學生去辯論這個沒有酒吧、沒有電影院、沒有展覽、沒有表演、沒有任何有趣活動的國家，設立戲院的好處與壞處。這個澳洲人顯然忘了這個國家之所以變得這麼無趣的原因，在課堂結束後，學校就接到了家長的電話，這位家長堅稱這個澳洲人企圖煽動學生，用異教徒的言論蠱惑學生的心，學校因此開了個會來討論這位老師的去留問題。

就在我書寫的當下，沙烏地阿拉伯又有了一項新政令，凡是無神論者都將被視為異端分子，警察有權將無神論者當成恐怖分子來逮捕。信佛也好，信耶穌也好，信什麼都好，阿拉會原諒你的，但是一個人沒有信仰，幾乎跟賓拉登一樣可怕，一個什麼都不信的人，會讓這個國家神經緊繃、驚恐萬分。自從這個消息傳開後，安柏如同往常，在課後與同事兼好友弗格斯在陽台哈菸聊天，弗格斯裝神弄鬼地對他小聲說：「現在，我們說話要小聲一點。」無庸置疑，什麼神也不信的兩人將是最先被逮捕的一批。

這個時候，鄰近國家巴林有其存在的必要。相對開放的巴林彷彿是這塊沙漠的逃生出口，沙烏地阿拉伯甚且自己出資建一座高速公路橋與其連接，讓巴林如同一座附屬的小島。這座小島是沙漠囚犯的極樂世界，雖是另一個國家，距離達曼卻不到一個小時的車程，悶壞的時候，我們去那裡喝酒、看電影、吃豬肉、聽搖滾樂，脫掉身上的黑袍，在酒吧裡跳舞，當然，穆斯林也一樣。

好幾個週末，我們和其他沙烏地阿拉伯人一樣，在下班後一起塞在前往巴林的車陣裡。傍晚，我們坐在酒吧，看沙烏地阿拉伯男人獨自喝酒，或呼朋喚友，有時，兩個男人對坐著默默不語，各自低頭滑手機。他們的所來之處表面上成功禁酒禁妓女，他們則用行動來證明那只是一個表象，將強制執行伊斯蘭教義的典範撞擊成碎片。

# 21 壞女孩

如果不是餓得睡不著，我也不會起來吃泡麵。如果不是我讓我家成為夜裡唯一亮著的燈，那個女孩也不會來敲門。敲門聲聽來詭異，雖然時間不算晚，但是對於夜夜無聊不如早早睡覺的我們來說，已經很晚了。一個全身黑袍、罩著黑頭巾的黑色影子站在門外，一開始我以為是我家隔壁的土耳其女鄰居。不然還會有誰？

「我可以進來嗎？」

「妳是誰？」

「我們可以聊聊嗎？」

「有什麼事嗎？」

「我可以進去說嗎？」她靠我靠得好近。

「在這裡說。」太詭異了。

「我遇到一些問題，我可以借妳的電話嗎？」現在，她快哭出來了。女孩看起來才十三四歲，假裝鎮定，硬擠出笑容，但是她的身體語言背叛了她，洩露了她的慌張。什麼情況？我猶豫著要不要讓她進來，但是她的身體已經像柔軟的貓骨頭擠進了我家門縫，像是在躲什麼般，迅速鑽進我家沙發。在那裡，她的身體慢慢放鬆了下來。我等著她開口跟我說些跟可蘭經有關的話，不然她到底要幹麼呢？

「妳叫什麼名字？」她跟我握手。

「我們是朋友。」居然跟我拉起關係來。

「我又不認識妳。」

「現在我們認識了。」她笑了。

這個女孩比我想像中油條，於是我開始逼問她。「我有一些問題……我父母要殺我……我剛從家裡逃出來……可以跟妳借電話叫計程車嗎？我要去科巴爾找我哥。」女孩來自巴基斯坦。

我肚子裡的泡麵還沒消化，而我居然在三更半夜遇到這種怪事。我想起前幾天安柏也在三更半夜遇到一件怪事。當時他正要去開車，停車場暗暗的角落突然浮出一個女孩的身形，就像現在這個女孩在黑夜裡突然出現在我家門口一樣。那個女孩說她要到附近的達蘭購物中心找她的家人，央求安柏載她一程。

一個女孩獨自在半夜要求搭乘陌生男子的便車這種事怪透了，尤其在這個性別隔離如此歇斯底里的國家。但是安柏愛當好人，又特別容易相信別人，他猜想女孩可能是一開始不想跟家人出去，等家人出門後突然又後悔了。安柏正要去加油，離達蘭購物中心不遠，所以他讓女孩上了車。

女孩一上車，他當下就後悔了，因為照後鏡中的女孩比剛剛在停車場看到的女孩小很多，安柏發現她還是個孩子，他不該讓她上車的，他們沒有血緣關係，安柏也不是計程車司機，在這個神經兮兮的國家裡，他等於在汙染她的清白。

安柏一路覺得怪怪的，還沒到達蘭購物中心，女孩改口說要去科巴爾，說去找她阿姨。安柏才不去什麼科巴爾。到了達蘭購物中心，女孩跟安柏借手機，說要打給家人與他們會合。安柏出門只是為了將油箱加滿，沒帶手機，這下麻煩了，他把人載來了這裡，現在他開始擔心女孩找不到家人。

「妳身上有錢嗎？」

「沒有。」女孩說。

安柏掏了三十沙幣給女孩，讓她萬一找不到家人，還有錢可以自己坐計程車回家。女孩才下車，安柏又後悔了。讓一個小女孩半夜獨自搭計程車，萬一路上發生什麼事呢？

那晚，安柏帶著忐忑的心情回家，一回家就把我從睡夢中挖起來，描述這段奇怪的經歷與莫名其妙的擔憂，當時因為想睡而有點不爽的我，即使意識模模糊糊，也知道女孩在說謊，她的行徑太不合這裡的常理了。

「她一定是瞞著家人去找男朋友。」除了愛情，還有什麼可以解釋一個人脫離常軌、自己也解釋不清楚的行為？

現在，這個奇怪的經歷與莫名其妙的擔憂來到了我正在吃泡麵的這個晚上。我直覺眼前這個怪里怪氣的女孩和安柏遇上的是同一個女孩，她不僅找上了安柏，還找上了我們家。這次換我把睡夢中的安柏挖起來，告訴他那個女孩現在就在家裡。

「是你！」看見還在清醒的安柏，女孩馬上認出了他。

「我可以待在這裡嗎？」女孩似乎只是想找個地方躲起來，那個時候我們並不知道，外面有五個男人到處跑來跑去，分頭在找她。因為實在是太詭異了，女孩又不願意坦誠，所以我們請她離開。

「不，我不要回家……拜託……讓我待在這裡。」一請她離開，她就變得非常緊張，一臉要哭要哭的樣子。因為不想離開，她掀開頭巾讓我們看他父親在她臉頰上留下的疤痕，然後一拐一拐地走回沙發。我們的確聽過巴基斯坦有榮譽處決的事情發生，通常只因為女性家族成員私下與婚配外的男性來往。於是我們同意讓她打電話給她住在科巴爾的哥哥，讓他來接她。

我看看時鐘，已經接近午夜十二點，一向都在晚上九點早早睡覺的我們，忍不住打起瞌睡來，女孩卻在一旁講電話講了半個小時還沒有結束的跡象。她在電話中時而笑，時而生氣，像是在與情人爭吵，有幾次，她稚嫩的臉龐突然露出擔憂嚴肅的神情，看起來像是一個成熟的女人。

女孩終於掛上電話。她說她的哥哥現在在巴林，要一兩個小時後才會回來，「我可以在這裡過夜嗎？」她拍拍我家的沙發。所有人都知道巴林是沙烏地阿拉伯人週末墮落的地方，這天又不是週末，誰會半夜還在巴林？顯然她的哥哥並不願意來接她，又或者她在對我們說謊。趕在我們拷問她之前，她趕緊撥了第二通電話，同樣的爭執，同樣的盧來盧去，同樣又是半小時後才掛上電話。我開始懷疑，電話裡的那個人是不是她哥哥。

事情本來可以很簡單，報警或是打電話給家暴專線就好了，但是我們正在沙烏地阿拉伯，女孩最終會被轉交給她父親。我們認真考慮讓女孩待上一晚，但是她並未對我們完全坦誠，這裡畢竟不是我們熟悉的地盤，神經質到無法清楚拿捏文化禁忌，使我們無法想像讓女孩待一晚的後果會是什麼。

精疲力竭的我們再度請女孩回家。不知道是不是長期限制與困頓磨練出來的生存能力，女孩比我們想像的還要靈巧與精明，她東拉西扯地快速改變她的說詞，打算再打那打不完的電話，但是我們很清楚不會有人來接她，於是直接打開門，請她回家。

接下來的半個小時，大概是她苦苦哀求、說她不要回家、說她父母會殺了她、求我們讓她在這裡過夜、載她去找他哥哥、我們請她回家、她不要……不斷重複地鬼打牆。實在僵持不下，我們繼續讓她打了幾通電話，並且請她盡快結束，但其實我們必須從她手上搶回電話，才有辦法逼迫她結束通話。

「已經很晚了，妳必須回家，不然我們必須通知警衛。」

「再一通，再一通就好了，打完我會回家。」最後一通也在安柏的搶奪中結束了。

女孩重新包起頭巾，到了聲謝，可憐兮兮地走了出去。她的身影很快就消失在黑暗之中。在那一刻，我真擔心她會遇上什麼災難。時針指向凌晨兩點，我們終於可以上床睡覺。我帶著不安與疲憊閉上眼睛，想像她的父親在黑暗中抓住了她。深夜的寂靜中，我聽見男人說話的聲音。那聲音如此真實，彷彿來自真實的世界。我睜開眼，問安柏，有沒有聽見什麼？聲音愈來愈近，接著響起了敲門聲。就這樣，我的想像來到了現實世界。

我們起身穿衣服，心裡明白，麻煩還是來了。安柏讓我先去開門，因為如果這間屋子只有他一個男人，那他遇上的就絕對不只是麻煩而已。我套上外套，打開那扇今夜被打開無數次的門。兩個穿著巴基斯坦長袍的男人，以及幾分鐘前剛剛走出去的女孩，就站在那裡。女孩用黑色頭巾的一角遮去了半邊臉，也遮去了她剛剛在我們家所展現的絕頂聰明，此刻的她，是一個不被允許展現主體的「那些女人」，她的獨特性消失了，她的靈巧與精明也從她身上褪去了，她只是「那些女人」的其中一個，與剛剛坐在沙發上褪去頭巾使出渾身解數的女孩，判若兩人。

女孩的父親比我想像的還老，在黑暗之中，我看不清楚他的臉孔。「她說她剛剛待在這裡，是真的嗎？」另一個男人是這裡的警衛，非常客氣地用英文問我。警衛說話的時候，女孩的父親只是默默地站在黑暗之中。他不會說英文。「是的。」我說。

就在安柏出現我身後的時候，這個警衛突然改變了口氣，「先生！這個女孩才九年級，你們怎麼可以不馬上通知警衛，讓她的家人這麼擔心！你知不知道，我們有五個人在這裡找她找了兩個小時！而且她已經訂婚了，在我們的文化中，一個女兒比黃金還有價值……（你們知不知道啊！）」現在，他顯得非常激動。和這個氣炸了的警衛比起來，女孩的父親不發一語站在一旁，顯得相對溫和。女孩則繼續默默地站在一旁，如一座靜默的雕像。

我們睡意朦朧，像個罪人一樣，站在自己家門口挨罵。警衛繼續嚴厲地說，就因為這個女孩在深夜裡消失了幾個小時，現在他必須寫一份報告，查明這個女孩這段時間去了哪裡，做了什麼，以證明她的清白。顯然我們兩個都該死，因為我們有可能玷汙了這個女孩的清白，讓一個父親原本擁有的比黃金還有價值的女兒，失去價值。如果我們答應女孩讓她在我家沙發過夜，那麼這個警衛要查的就不只是幾個小時而已了。

「但是她說她爸要殺她啊。」這麼一個簡單的理由，講出來只會被笑。一個女兒既然是這個家族比黃金還要有價值的財產，今天她訂了婚，還想偷偷交男朋友，身為父親當然有權處置她。倘若真讓她做出什麼事來，她不僅失去了價值，還會毀掉這個家族的榮譽，在某些偏激的地方，家族成員甚至會因為她的不貞私下處決她。「抱歉，抱歉。」所以我們只能這麼說。

我們以為警衛會對我們做出什麼處分，但是他發完脾氣就走了。女孩與她父親還是一句話都沒說。關上門之後，我和安柏都覺得自己非常愚蠢，一個讓女孩上了車，一個讓女孩進了門，但是我們都不後悔曾經試著想要幫助她。我們可能因此上法庭，可能因此被踢出這個國家，但是天呀，這個女孩，不過正在經歷……也許是她人生中最後一次……幾乎所剩無幾的生命歡愉。

隔天，我與朋友見面，告訴她們這個半夜裡的怪事。從她們的表情中，我可以看見我與安柏非常白痴。馬來西亞籍華人朋友布蘭達說，有一回她與其他三個朋友從科巴爾叫計程車回家，三個朋友先坐進了後座，她理所當然地坐上了前座，結果所有人突然大叫了起來。為什麼？「在這裡，除非駕駛座坐的是妳的丈夫，否則宗教警察可以把妳從前座拖下來打的。」布蘭達被這樣告知。

天啊，簡直防不勝防。我趕緊回家給安柏惡補這個當地知識。他也才剛從同事那裡知道他犯的是什麼罪。「曾經有兩個在這裡工作的菲律賓人，他們開一輛車載著各自的女朋友出門，結果被宗教警察控告觸犯了法律。」除了計程車外，女人不得與家族成員以外的男人同車。這兩對菲律賓情侶最後被遣返回國，出境的時候，他們可憐的女友赫然發現自己的護照被蓋上「妓女」的戳章。

我非常希望能再見到那個巴基斯坦女孩。她讓我更加相信，一個女人真的落難時，在這裡是得不到任何幫助的。

22

# 非法司機

我不知道一般人認為印度骯髒又沒效率的印象是怎麼來的，我在其他國家所看到的印度人完全不是這麼回事。他們出現在各種國家，做著各種生意，每個人似乎都擁有自己的小鋪子，販賣只有觀光客會喜歡的物品，在土耳其是邪惡之眼與玻璃燈罩，在埃及是水煙器組與各式香水瓶，在阿曼是銀飾與銅錫咖啡壺，在沙烏地阿拉伯則是阿拉丁神燈與絲巾綢緞，神奇的是，這些饒富當地特色的手工藝品全都是印度製造的。走在各個國家的觀光市集中，最多話最纏人最不懂「不」是什麼意思的一定是印度人，他們勤奮而積極。學校約聘的計程車司機也全是印度人，而庫馬是我見過最搶時間、也最搶錢的一個。

圓圓的鼻頭，肉肉的臉頰，雙眼總不在同一個焦距上，庫馬一刻不得閒，一邊開車，一邊講手機。他一共有三支手機，講完一支拿另外一支再撥出去，中間並且接聽第三支手機。他看起來就像是一個手上有十幾個案子的大老闆。我們並非特別喜歡他，但只要打過一次學校約聘的計程車行，前來的司機就會給你他們自己的名片，「Call me! Call me!」他們這樣說，接下來各自大顯身手。庫馬是私下接客的個中好手，有一回，我們請他帶我們去機場，還沒下車他就抄下我們的回程時間，意思是我會來你們休想找其他計程車司機。

阿拉伯人隨興的開車風格對庫馬是一種解放，他一邊講電話，一邊在高速公路上鑽來鑽去，絲毫不認為有減速的必要，每回我們一上車，都非常自動地繫上安全帶，因為我們看得出來，對庫馬來說，時間就是金錢。

「No Problem! No Problem!」不管我們說什麼，庫馬都會這樣回答，後來我們才明白No Problem有很多意思，包括他會遲到半小時，或是他會找另一個司機過來等等，在這個時候，時間就不等於金錢，因為那是別人的時間。因此，雖然我聽不懂印度話，但非常能理解他為什麼需要三支手機，當我們在他的車上，他不會跟打電話來的客人說他沒空，他會打電話找另一個司機去遞補，即使找不到，他也會說「No Problem!」然後在約定的半小時後才出現，就像他對待我們一樣。

不管我們說什麼，他都以「No Problem!」帶過，我們從來不知道他是否真的懂英語，直到他該出現的時候沒出現，或者不該出現的時候出現了，我們才知道他是個難纏的傢伙。

但是這一點也不影響他賺錢的興致。

剛到此處時，我被各國口音的英文搞得暈頭轉向，印度口音、巴基斯坦口音、菲律賓口音、印尼口音、阿拉伯口音、拉丁口音……每當別人開口說英文，我都以為他們在說自己的母語，有一回，一個阿拉伯人問我從哪裡來，我回說：「Only English!」旁邊的人提醒我：「他是在說英語啊。」所以，一開始，我很怕跟庫馬叫車。

「哈囉。」我說。

「哈囉。」庫馬說。

「我是安柏的老婆，你現在有空帶我去達蘭購物中心嗎？」

「※＆＊$@#……」

在電話裡，我更加不知道這個印度司機在說什麼了。憑著感覺，根據他口氣的抑揚頓挫，我胡亂說了一通，然後給了時間和地點。我掛上電話，祈禱他聽懂了，然後走到外面去等車。時間一到，車子果真來了，但仔細一看，不是他的車。我繼續等著。車裡的男人也在等人，正在講手機。過了幾分鐘，我的手機響了。

「※＆＊$@#……」庫馬對我嘰哩咕嚕說了一堆，在我聽來，沒有一句是英語。我們在電話裡雞同鴨講了大約兩分鐘，我發覺他重複「嘔死嘔死」這個聲音的頻率很高。難道是「Outside」嗎？電話莫名其妙被掛了。我猜想他可能是派別人過來了，往車裡一看，果然，坐在裡面的人手機響了，現在庫馬大概正在跟他描述我的身高、長相之類等等。我打開車門，上了車。

就像我從來不知道那些穿著連身工作服、月薪只有七百沙幣的外籍勞工，如何在這個一個月基本開銷要八九百沙幣的地方生存下去，並且贖得了身？我也不明白月薪只有一千六百沙幣，扣去七千沙幣的租車費用，每過幾年還得花二萬五沙幣更新居留證的外籍計程車司機，要如何賺得了錢？但是有一天，我們發現庫馬換了新車。

「我剛從印度度假回來。」庫馬這樣說的時候，我並不訝異。他在印度有家庭，我相信他不僅衣錦還鄉，還接收了鄰居羨慕的眼光。車子裡還有簇新的味道，座椅的塑膠膜還沒拆下。那次，我們搭他的車前往巴林機場，在沙烏地阿拉伯通往巴林的邊界上，等待通關的車輛照樣排得又臭又長，坐在小房間裡蓋戳章的沙烏地阿拉伯官員照樣事不關己，聊天的聊天，用耳機聽音樂的聽音樂。我們總是提前兩個小時預備塞在海關上，但是庫馬不同，只見他在車輛之間一刻不得閒，方向盤扭來扭去，見縫就鑽，不讓別人浪費他一秒鐘，於是我們早早就通過了海關。沙烏地阿拉伯人根本不是他的對手，當然，這是他想方設法插隊的結果。

有一陣子，這個國家突然抓起了非法外籍勞工，從那個時候開始，我們經常叫不到車，後來才知道，原本在校區跑來跑去的四十個計程車司機，真正合法的剩不到五個，比例之大，令人膽顫心驚。

從那之後，我們再也沒見過庫馬了。

# 23 酗酒者

派崔克是安柏在台灣認識的加拿大人，與沙烏地阿拉伯形成明顯對比的，派崔克是個酒鬼。

據安柏自己說，他們那個年代的加拿大人從青少年時期就經歷過酒精、派對、大麻、搖滾樂的洗禮，幸運的話，你可以在生命的別處找到可以取代的高潮，改用一種老成的心態來揚棄你曾經覺得很酷如今看起來卻有點幼稚的生活，比較不幸的人在宿命中得不到救贖，便會將這些唯一所知的快樂習慣帶到成年的生命。派崔克就是這樣的人。

安柏剛認識派崔克的時候，他已經有重度的酒癮。從星期五晚上開始的喝酒儀式是他週末唯一的娛樂。酒精讓他變得風趣、有魅力，酒醉帶來的高潮則可以讓他一整夜不睡。有時候他會在週六一大早來敲安柏的門，因為他的酒友都已經不支倒地，而他正High，需要有人陪他聊天，繼續他的歡樂時光。那一整個白天，他會在沙發上睡著，並且在一兩個小時以內醒來，繼續喝酒以沖淡宿醉帶來的不適感，喝完又開始精神百倍。就這樣，連續三天，他不睡覺、不吃東西，只靠酒精運作他的身體與心靈，一直持續到週日。

有一天，派崔克消失了，再度聯絡上他的時候，他已經在沙烏地阿拉伯。一個長年受酒癮困擾的酗酒者跑到一個完全禁酒的國家工作，我們都覺得他的決心非同小可。

我們不知道他到沙烏地阿拉伯這個無厘頭的決定怎麼來的，直到我們得知他在台灣因為不明原因丟掉了公立學校教職的工作（我們大概可以猜到是什麼原因），之後他一不做二不休，跑到牙買加吸毒了幾個月，並且帶著大量的古柯鹼繼續前往委內瑞拉，一次花光他長年在台灣工作的六萬美金積蓄。他一點也不擔心，繼續前往杜拜、泰國（不知道做什麼去了），最後脫褲子回到加拿大。

你一定以為我在描述一個流浪漢，如果他這麼好懂就好了。派崔克看似頹廢，卻是個哲學博士。他酗酒，他也健行、游泳、大量旅行。他是個「魯蛇」，但他也擁有一般人少有的聰明才智與冒險精神。他曾經騎腳踏車沿途搭帳篷從荷蘭騎到希臘，他曾經跑到非洲的莫三比克潛水看鯨鯊，他到尼泊爾山區從一個村莊走到下一個村莊，他去以色列、土耳其過與酗酒者全然不同的生活。他可以輕易地毀掉自己的生活，也可以輕易地從一堆爛泥中站起來，再建立另一種新生活。

就和當年那個孑然一身來到台灣的二十四歲派崔克一樣，四十二歲的派崔克來到沙烏地阿拉伯，一切從頭開始。他打算用最快的方式賺回被他磕藥磕掉的六萬美金。那時我們還在台灣，派崔克從沙烏地阿拉伯來信說他已經戒酒了，一年後，安柏在沙烏地阿拉伯與他見面，他說他已經做了縮胃手術，原本那個肥肉橫生、喝酒喝成傳奇的派崔克徹頭徹尾瘦成了人模人樣。禁酒的沙烏地阿拉伯徹底地改變了派崔克。

故事應該要在這裡結束的。如果他這麼好懂就好了。

派崔克還是派崔克，假如派崔克都可以戒酒了，那麼沙烏地阿拉伯當然也可以找到酒喝了。除了自己釀酒，買別人釀的酒，派崔克跑巴林跑得愈來愈勤，快的話，達曼到巴林海關只有二十分鐘車程，派崔克從週末喝到上課的那天早晨，直接從巴林趕到達曼去上課。

在沙烏地阿拉伯醉醺醺上課的派崔克，講話不清不楚，走路歪七扭八，還有點神智不清，那是他喝酒期間不吃不睡的傑作。每個人都知道怎麼回事，學生知道，其他老師也知道。

派崔克做完縮胃手術那年年底，他的房間開始瀰漫著一股怪味，那是混合腐敗食物、排泄物、嘔吐物的味道，因為他吃的東西沒丟、懶得走到廁所、吐了一身又不洗澡。整個十二月，派崔克帶著這個味道去上課，而學校居然沒有開除他。即使知道他是個喝醉酒的老師，但因為沒有人想來沙烏地阿拉伯，老師難找，學校也不敢開除他。

很多朋友看不下去，不明白他這樣作賤自己有什麼偉大意義。「你是Gay嗎？」卡崔娜在一次聚會中這樣問他，要他永遠面對現實。派崔克只是笑一笑，他沒有被激怒，彷彿卡崔娜只是一個天真小女孩。

其實我們都不了解派崔克，沒有人真正了解派崔克，他從來沒有過真正的親密關係，他要來就來，要走就走，不會告訴任何人，況且，作賤自己並不需要什麼特殊理由，每個人都有每個人作賤自己的方式。我曾經在生命的低潮中徹底毀掉自己的感情、工作與生活，讓自己回歸到一無所有，這何嘗不是一種作賤？而一出生就避開任何生命的冒險與風險，只想安穩守著墳墓為死亡做準備的人，何嘗不是一種作賤？

這都是我前往沙烏地阿拉伯以前發生的事。當我在二月抵達沙烏地阿拉伯，學校已經進入了為期兩個禮拜的假期，派崔克去了泰國，我還沒來得及看見他。當假期結束，每個老師都回到工作崗位的時候，派崔克沒有出現。

每個人都知道派崔克幹什麼去了。一個禮拜過去了，兩個禮拜過去了，派崔克還是沒有出現。所有人都聯絡不到他。

派崔克的主管打電話到加拿大詢問他的父母，安柏請在泰國工作的朋友打電話到當地的旅館去問問有沒有派崔克這個人。沒有人知道他在哪裡。每個人都心裡有數，他一定出了什麼意外，腦中浮現他死在泰國的畫面。

「你猜怎麼著，派崔克回來了……」弗格斯打電話給安柏的時候這麼說。弗格斯需要人幫忙，因為派崔克再次出現的時候，已經虛弱得不成人形。他無法站立，無法言語，雙手不停抖動。弗格斯與安柏送派崔克到學校的診所急診，後來轉到一家大醫院。

「我告訴他我中風了……」派崔克告訴他的主管他中風了，反正看起來很像，他的主管只是點點頭，彷彿真的相信他說的一樣。

眾人想像派崔克各種死相的這兩個星期裡，他其實一直都在巴林。他早就從泰國回來了。他原本只想在經過巴林的時候，做一個完美的結尾，不料一喝又失去控制，最後被巴林的旅館趕出門，在自己的車裡不省人事。

派崔克在醫院裡住了一個禮拜才逐漸恢復。學校還是沒有開除他，並且假裝相信他的理由，推給上級開會做決定。派崔克自知這次做得太誇張了，他留下來的機會不大，還可能必須依照合約賠兩個月的薪水。大家都知道派崔克想開溜，但沒有人戳破他，或阻止他，在那場決定派崔克去留的會議到來以前，派崔克已經溜之大吉了。

安柏是在他的介紹之下來到沙烏地阿拉伯的，我還沒來得及見到他，他就離開了。

故事理當要在這裡結束的，派崔克好像也沒這麼不好懂。但是行筆至此，我有一種不到最後一刻不知道派崔克極限在哪之感，所以我們可以再往下看一點點。

派崔克離開沙烏地阿拉伯之後，我們曾經在泰國見過面。那個時候我與安柏在普吉島度假，派崔克在曼谷。幾天後，派崔克來到普吉島與我們碰面，來的時候已經爛醉如泥，旁邊跟著一個跨性別者。跨性別朋友非常關心他，因為擔心他的安危而一路跟過來。幾天後，跨性別朋友回曼谷去了，囑咐我們要好好照顧派崔克。這段期間，他又開始不睡覺、不吃飯、走路東倒西歪。

派崔克就是派崔克，沒多久，他就重拾了新生活，在沙烏地阿拉伯旁邊的阿曼王國找到教職。阿曼多山，派崔克每天爬山，好像什麼事都沒發生過一樣，過著比任何人都健康的生活。剛好那年我們要到阿曼旅行，於是相約一起穿越阿曼的河谷。

出發的前一天，安柏與派崔克慶賀再度重逢，開了一瓶伏特加，並讓派崔克帶走剩下的。健行當天，安柏先開車載派崔克去領薪水，派崔克顯然用了一個晚上解決掉剩下的伏特加，以至於在領不到薪水又沒搞懂狀況下對一個辦事的可憐印度人破口大罵。當他們過來接我時，派崔克再度陷入睡睡醒醒的狀態，而他還說他要去健行。

上車前，派崔克把前座讓給了我，途中我與安柏下車去買三明治，我突然發現褲子濕了一片，想起之前派崔克就坐在前座上。這兩個男人實在愚蠢到令人氣憤，我嚴正警告安柏送派崔克回去，我不想看他跌落山谷。送他回去之後，派崔克不接電話，敲門不應，寫信不回，直到我們離開阿曼，甚至是很久很久以後，我們都不知道他是死是活。

回想起來，在我認識派崔克的六年當中，我只見過他三次。第一次在台灣，第二次在泰國，第三次在阿曼。而第一次是他唯一清醒的一次。

# 第6部

# 讓我們四處晃晃

# 24 男人城

緊鄰波斯灣岸的是一個叫科巴爾的區域。如果說達蘭這座城市的興起完全是因為Aramco石油公司的出現，那麼科巴爾從一個小漁村發展成現代經濟中心則多少是為了因應Aramco石油公司的需求。科巴爾有點像達蘭專屬的市中心，達蘭除了Aramco和幾家Shopping Mall之外，其實什麼都沒有，舉凡辦門號、安裝電視頻道、買機票、換美金，乃至特殊的採買，我們都必須從達蘭前往科巴爾辦理。

科巴爾充斥著男人。這裡是外籍勞工聚集的大本營，他們在這裡居住、活動與生活。下班時間一到，他們從各個地方回到這裡，最多是菲律賓人，然後是巴基斯坦人、孟加拉人、印度人……男人們在夜裡魚貫穿進穿出，走上十分鐘，都不會看見一個女人。住在這裡的外籍勞工多半從事較低階的勞力工作，並不被允許帶老婆或是家庭前來，但是在學校和石油公司工作的員工卻可以，我問安柏為什麼，他說對啊，這個世界就是這麼不公平，於是，這裡成了男人城。

棋盤式的大街小巷，標榜便宜與方便的大小商店，供應外籍勞工生活所需的一切日常物品，廚具店、機具店、鞋店、眼鏡店、背包店、麵包店、手機店、禮品店，到類似台灣十元商店的中國製商品雜貨店，我喜歡這裡一間一間琳琅滿目的小店，比起當地人喜歡去的冰冷 Shopping Mall，有趣多了。受惠於這裡的外籍勞工以亞洲人居多，我偶爾也會到這裡採買為數不多但不無小補的亞洲食材，諸如豆豉、豆漿粉、麻油等從亞洲坐飛機來的材料。菲律賓人信奉天主教，所以你總可以在菲律賓人開的商店裡和老闆打暗號，買到被阿拉禁絕、必須偷渡進來的小耶誕樹。

走在男人城，會以為走在東南亞的某個小城，紅紅綠綠的店面樓上，就是男人擁擠的小窩。這個區域又老又舊，外牆有被時間撕裂過的斑駁，阿拉伯人已經不住在這，遠方來的大男人們在此分租一間小套房。

這是個龍蛇混雜的區域，因為騷擾事件不斷，女人來此必定結伴而行，有趣的是，騷擾事件並非外籍勞工所為，雖然他們孤家寡人、慾念難當，但是大多數時候，他們只是在便宜貨品之間打轉，想辦法在為數不多的薪水裡硬擠出一點點存款。這種關於兩性之間的騷擾，通常來自當地男人在兩性絕對隔離之下因為心智不成熟所導致的不自主幼稚行為。他們想盡辦法在落單女子身上找尋樂趣與刺激，尤其是不受伊斯蘭教義規範的外國

女子。韓國女性朋友 Kung Hee 剛來的時候，毫不知情，一個人走在這個區域的街道上。那時候的她總是堆滿笑臉，用期待的心情看待這個新環境與新生活，一切都是新的開始。陌生男子與她打招呼，她總是以更大的熱情回應，嘴角咧到臉頰上來，看起來有如三十幾歲還保有殘存青春的女人，完全不像她自己所說的五十多歲。她走在人行道上，一輛白色的車子經過她，裡頭的幾個年輕阿拉伯男子衝著她笑，她如同往常，友善地報以微笑，這個再正常不過的動作鼓勵了這輛白色車子，它沒有走遠，反而放慢了速度。裡頭的阿拉伯男子在車窗玻璃上抵著一張紙，上面有電話號碼，用她行走的速度行駛，一如情人調節腳下節奏，陪她走完這一段尷尬又得忍受的距離。

Kung Hee在這裡的日子並不長久。她來自韓國大城首爾，有憂鬱症的病史，抱著完美的心情與一張笑臉來到這裡，最後卻帶著憂鬱復發以及不完善的醫療照顧離開，前後不到一年。Kung Hee只是眾多例子的其中之一，匆匆來又匆匆離開的外地女子之一。她將不愉快的記憶留在此地，並且明白了，與其他讓人洩氣的生活景況相比，無聊男子的騷擾只是不值一提的輕微不快。

這種騷擾不是這個區域才有，也不是這個國家才有，當然，也不是每個當地男人都會對外地女子做這種滑稽的無禮之舉，但幾乎每個我認得的女人都有被騷擾的故事與版本。我在這個區域遇上的一次，是在滿是中國製便宜商品的雜貨店裡。這家店什麼都賣，占地廣大，還有兩層樓。無聊地走在琳琅滿目的商品之中一一檢視它的用處，是這裡無事可做之下的一項怪異樂事。我拿起一個鐵製掛衣架想像它掛在臥室的樣子，發現一個身穿白袍的男人盯著我看。一張瘦瘦的臉，直直地看。男人大約中年，眼神迷濛。我和大多數女人的反應一樣，我想他也許是在防小偷，或僅僅只是一個熱心的店員，於是我對他擠出一個微笑。他走了過來，對我手上的掛衣架提供一個我並不需要的意見。「謝謝。」我說，意思是走開。他沒有走開，所以我走開了。男人跟了上來。我試著逛到別處，但是他並不打算讓我從他的視線離開，直到我發現我甩不掉他。

## 25 —— Shopping Mall

每個走出家門的人，在繞過清真寺、高速公路、車陣與廣大荒漠之後，最終都會轉進Shopping Mall。外頭是沙塵與風暴、烈陽與熱浪，裡頭則乾淨又明亮、涼爽又舒適、什麼都有、宛如天堂。

沙烏地阿拉伯的Shopping Mall以大著稱，這裡沒有土地成本的問題，你想要的話，到處都是毫無人煙的沙地。以離我們最近的達蘭購物中心為例，光是從出口一走到出口十三，沒有四五十分鐘是走不到的，它就像座巨大的機場方方正正蓋在南極洲上，任由寂寥的風沙吹打在它直直角角的體積上，而這座像是臨時組合出來的幾何怪獸的出現，也不過是近十年間的事而已。

達蘭購物中心位於來來去去的高速公路旁，人們必須開車穿越沙漠才能抵達。方塊建築向四方延伸，如同一座巨大無比的停車場。沙漠很平，越過車頂就可以看到宛如巨大銅鏡的夕陽。整個 Shopping Mall 只有一層樓，不必向上垂直發展是它位於沙漠的好處，在這裡逛街如走操場，而 Shopping Mall 在沙烏地阿拉伯的功用恰巧有這一項，不少人在下班後、吃飽飯後，攜家帶眷來這裡走一走，看兩旁的櫥窗，如同看公園裡的大樹。

這裡是小孩子溜直排輪最理想的場地，無風無沙，又有冷氣吹，地板又直又滑，人群就是最好的練習障礙物，從出口一到出口十三剛好形成一個圓，可以一圈一圈地溜下去。大人也一圈一圈地走，就像在麥加朝聖繞著天房走。許多小孩被帶到這裡，童裝店、玩具店、嬰兒用品店，很巧妙地結合在各個店家裡，他們早就知道孩子才是這裡最重要的顧客。阿拉伯家庭的孩子可以從一個到十個，如果你能有十個，通常不會只要一個。這裡甚至有兒童專用的理髮店，裡頭擺滿花花綠綠的小人偶，盡其所能地吸引孩子的注意，只希望他們能在椅子上頭多待一秒。但是阿拉伯父母並不去控制這些小怪獸，彷彿理解短暫的童年是他們唯一自由時期，不管我走到哪裡，走得多遠，小孩失控的叫聲總是陰魂不散地跟著我。

平時沒有機會互相接觸的阿拉伯少男少女們，也會選擇在 Shopping Mall 相會，總不能規定男生逛一邊、女生逛一邊吧。男孩子也曉得到 Shopping Mall 看女生，所以這裡的

保全和警衛有一項特殊的任務，他們站在門口擋住沒有跟家庭一起前來的男孩子，尤其是意圖過於明顯的「一群」青少年。我經常看見阿拉伯父親專門開車送正處於青春期的孩子來到這裡，和警衛打個照面表示家長同意，看著孩子走進Shopping Mall，再自己開車離去。這裡沒有公園，沒有圖書館，沒有網咖，沒有夜店，還有哪裡比Shopping Mall更好待呢？沒有家長背書的青少年只好遊走在各個出口，想方設法混進去，混不進去的人就只能聚在停車場了。停車場是阿拉伯青年非常普遍的相聚地點，因為實在沒有地方可以去，去哪裡又少不了車，於是他們開到停車場，直接坐在引擎蓋上、坐在地上，在那裡聊一整晚，玩沙漠抓來的蜥蜴。

Shopping Mall的警衛除了攔住意圖不軌的青少年，還得像糾察隊一樣，攔住那些露出小腿、穿著短褲的男人。身為每天得穿黑袍才能出門的女人，我很高興他們這樣做。即使在現代化十足的資本主義場域裡，沙烏地阿拉伯人還是很樂於維持長袍與頭巾的傳統服飾，這些黑黑白白的長長身影走在Shopping Mall的光滑地板上，看起來就像是一盞盞溫暖的燈泡裝在冰冷的辦公大樓裡。男人的白袍少了風沙的吹拂，透著一種不自然的死白，女人的黑袍一如往常的黑，不管是在沙漠中，或是在Shopping Mall裡，都像是一種神祕難解的生物。

Shopping Mall看似歡樂，對外地人來說，逛起來卻不太歡樂。因為是在沙烏地阿拉伯，賣衣服的地方一概沒有女性的試衣間。女人在店家裡脫掉衣服再穿上衣服實在太過刺激，所以不被允許，妳得買了，自己到廁所去試，或是拿回家試，不對了再拿回來退換。這還有什麼樂趣可言。不嫌麻煩嗎？

這裡的Shopping Mall也有商業的推廣活動，因為女人不能露臉，意外造成了我的福利。

一天在Shopping Mall，我看見幾個阿拉伯青年腰上掛著皮製裝備，裝備吊帶在他們的胸前、背後打了個叉。我的眼睛黏在他們的腰上。其中一個青年手拿咖啡壺，招呼我們過去，「要不要咖啡？」阿拉伯咖啡沒有咖啡的味道，倒有一股肉桂的味道。我抬頭發現這幾個青年都有一張異常俊俏的臉龐。我一邊喝一邊看，老半天還是不知道他們為什麼要請我們喝咖啡。異常單純的阿拉伯青年也只是看我們喝，隻字不提。一問之下，他們才指指身後的板子，上面寫著沙烏地阿拉伯航空。我恍然大悟，在其他世界慣常出動美女的商業活動，到了沙烏地阿拉伯就只能打美男牌了。不見美麗的空姐，倒是看見一群沉默的沙漠青年。我總算享受到平時都是男人在享受的感官刺激，這是女人在沙烏地阿拉伯的唯一好處。

我問他們身上的裝備是什麼？他們非常純樸地說，他們也不知道，是裡面的人要他們穿的。那天稍晚，我在書店翻到一本沙烏地阿拉伯的老攝影集，照片裡的貝都因人身上，穿著一模一樣的裝備，上面裝滿了子彈……原來，打獵用的。

www.saudiairlines.com
بك في عالمك

# 26 半月灣

半月灣座落在波斯灣呈半月形的海灘上，距離達蘭市區一個小時以內的車程，是我們逃離高溫沙漠與乏味生活的放風之處。這裡有許多私人海灘，Aramco石油公司有一處，石油礦業資源大學也有一處。除了幾個英文老師之外，石油礦業資源大學的教師職員大多來自中東世界的伊斯蘭國家，那意味著在石油礦業資源大學的海灘上，你將看到穿著黑長袍的女人坐在陽傘下，另一個蒙面包頭的女人躺在躺椅上。她們通常不下水，或是會穿著黑袍下水。

那是一個五月天，氣溫已經飆升至攝氏四十度。再過一個月，就會邁向五十度大關。根據這裡的法律規定，氣溫若是超過五十度，勞工不得在戶外勞動。雇主不喜歡這個規定，因為這裡一年至少有三個月都會超過五十度。為了讓外籍勞工照常上工，他們永遠宣稱只有四十九度。

想要在這個女人包緊緊的國度穿比基尼，也不是不可能，總有一種地方叫祕密基地。所謂的祕密基地，靠的是口耳相傳，絕對不會大剌剌地讓你看見。在一個平凡的週末，我們穿越火爐般的大地，出發尋找半月灣上的祕密基地。

祕密基地的入口非常低調，不要說招牌了，連大門都非常不起眼，它位於筆直的高速公路上，一般駕駛只會直直地飆車經過，即使我們的雙眼不停地尋找入口，最後還是開過了頭，只好重新繞回來，一家一家慢慢找。

車子來到大門前，大門緊閉。過了一些時間，沒有人，門也不開。按了幾聲喇叭，一個印度裔的臉孔跑出來，收了錢，要求填寫資料，然後打開門，讓車子開進去。

我們只看見幾棟旅館建築，幾棵稀稀疏疏、營養不良的樹，沒看見什麼沙灘。在沙地上停好了車子，我們穿過一道小門，像是穿越一扇任意門，空無寂寥的荒漠被拋在身後，進到一個有音樂聲、笑聲，以及男女混雜交談的空間。繼續穿過室內休憩區、幾座小游泳池，眼前就是海水與沙灘。這裡有公開的音樂、清涼的辣妹、男男女女穿著泳衣玩在一起。裡頭有菲律賓人、西方人、印度人，就是沒有阿拉伯人。

從遠方來的人攜家帶眷，在這裡烤肉、玩水、彈吉他、打沙灘排球。我脫掉長袍，換上泳衣，看著其他穿比基尼的女人躺在沙灘上……這些再正常不過的景象，因為出現在這個國家，顯得非常的不尋常。這種不尋常，突然讓我有一種置身在菲律賓海灘的錯覺。又彷彿有一群人，在這個充滿禁忌的地方開闢了一個小天地，偷偷摸摸地、祕密地玩樂，享受祕密聚會的快感。

直到天空漸漸蒙上一層烏雲，颳起一陣冷風，我們才收拾了東西，逃離說變就變的沙漠氣候。我重新披上黑袍，穿過小門，回到一直在等著我的真實世界，門的另一邊，彷彿什麼事情都沒發生過。我們走向停車場，在車前呆了半晌，就在我們從這個世界消失的那段時間裡，車輪已被埋在風沙裡。

## 石油海與奇蹟水

從達蘭前往半月灣的路上，會經過一處將海水處理成淡水的廣大用地，巨大的煙囪在無雲的藍天裡噴著白煙，巨大的儲水建築一座一座圓圓地蓋在廣大的沙漠上，除了平坦的大地，這裡什麼都沒有，我不知道如何憑藉肉眼估計這些煙囪與儲水建築有多巨大，我只知道開車經過這個區域時，至少十分鐘才能將它們甩在後頭。

這塊荒漠沒有真正的淡水。住在這裡的那幾年，每次下雨都像是個奇蹟。先是烏雲罩天，狂風捲沙，外加雷聲閃電，看起來很像是一回事，然而這些隆重開場後所下的雨，卻往往連把地淋濕都不夠，雨傘這種東西是從來都不需要的。我們所用的洗澡水、洗碗水、澆花水、沖馬桶的水，全由無數個海水處理區像變魔術般將海水轉為淡水，每年花去大把的金錢，像是用石油換來的。這些拿掉鹽分的海水甚至可以處理成飲用水，接到每一個人家的飲用水水龍頭，據說，喝了肚子會脹氣，還會一直放屁。於是有一陣子，我寧願在赤陽下走二十分鐘到商店買瓶裝水。在沙塵中扛水回家，成了我生活中最勞民傷財的一件事。

所以石油比水還便宜的傳言是真的。要加滿一輛油箱見底的小車，我們猜測應該台幣四百塊不到吧，於是掏了一張五十沙幣（約台幣四百元）給加油員。加油員從自己的口袋抽了兩張一沙幣給我們，我們正在想「果然有找」的時候，他又從另一個口袋抽出了三張十沙幣給我們。算一算，台幣一百五十元都不用。那天稍後，我們到一家咖啡館點了一小塊起司蛋糕，花了我們台幣一百七十元，所以說，在沙烏地阿拉伯加滿一輛車的油，連買一小塊蛋糕的錢都不用。

## 假日游牧生活

除了海水處理區，前往半月灣的路上空無一物，杳無人煙。遠方的地平線在烈日之下扭曲變形、不停抖動。接近海灘的地方有幾塊空地，平日只有風沙吹過，但是一到假日就變得喧騰不已。

空地上升起販賣飲料玉米的涼亭，巨大的充氣滑梯，花花綠綠的攤販，排放整齊的沙地四輪摩托車，彷彿進駐了一個馬戲團。車輛、馬車、駱駝、馬匹、貝都因人、阿拉伯家庭、飆車的青少年，不約而同地紛紛湧入。火被生起，烤肉滋滋作響，車輛沿著海水停放，

車子旁邊鋪著地毯，上面坐著一個個阿拉伯家庭，他們正在過沒有帳篷的假日游牧生活。

貝都因人從沙漠裡帶來的家產，包括馬匹、駱駝、裝飾過度的馬車、花枝招展的駱駝車，正橫跨著馬路，從高速行駛的車輛面前經過。他們在這座遊樂園兜著圈子，吸引孩子的注意，靠著提供搭乘賺取零用錢。但是大部分時候，他們只是蹲坐在大太陽底下，躲在馬肚的陰影裡，靜靜等待，讓現代汽車與四輪摩托車在他們身邊不停流轉。

用雙腳探索這塊遊樂園是最壞的主意，我們躲過了從身邊疾駛而過的車輛，卻躲不過腳下成河的馬尿與成山的駱駝大便。被逼退的我們沿著海邊行走，經過一輛輛車子與坐在車子旁邊的阿拉伯家庭，他們正在生火、烤肉、呆坐，就近在海水裡洗手。

一個人遠遠地向我們招手，邀請我們加入他們的席子。那是 Halr 以及他的朋友，席子上有椰棗、阿拉伯咖啡、以及 Halr 的手正在裡面攪和的 Kabsa（烤雞肉香料飯）。Kabsa 是一種米飯配上肉類的當地傳統菜餚。說到沙烏地阿拉伯的傳統菜餚，除了 Kabsa，還是 Kabsa。這裡的速食店滿坑滿谷、種類繁多，來自世界各地的連鎖餐廳一樣不缺，黎巴嫩、埃及、土耳其等中東菜色常被誤以為是沙烏地阿拉伯的傳統菜餚，但是最終最終，只有 Kabsa 才是。Kabsa 和這塊大地的景觀非常相似，簡單得不得了：加了香料與乾果的滿滿米飯，上面鋪一塊雞腿、羊肉或牛肉（只要不是豬肉就好了），就成了。

直接用手混著米飯與肉片吃 Kabsa 是最傳統、最好吃的吃法。怕我們不敢吃，Halr 遞給了我們一根湯匙，有一搭沒一搭地聊天。我們起身告別，繼續沿著海邊行走。沒多久，另一家人又向我們招手，舉起一根烤玉米，招喚我們過去領受。

# 27 巴林王國

巴林王國雖然是另一個國家，對我們來說，卻比沙烏地阿拉伯境內的任何一個城市都容易抵達。站在波斯灣岸邊，你可以看見一座大橋遠遠浮在海面上，若隱若現。當我們必須越過沙漠才有辦法抵達另一個空寂城市時，從達蘭飛車渡過這座大橋來到巴林王國的邊界，卻只要短短二十分鐘的時間。這座以沙烏地阿拉伯國王名字命名的法德國王堤道由沙烏地阿拉伯打造，像是要把巴林王國納進自己的版圖般，在海上奔馳了二十五公里，連接起這座只有兩個台北大的小島。

法德國王堤道又大又寬，跨越海洋，車輛疾駛其上，如同在海上飛翔。每到週末假日，沙烏地阿拉伯人飛翔在波斯灣上，前往另一個世界尋歡作樂。在境內被悶壞了的我們，更是迫不及待地想到另一頭呼吸自由的空氣。巴林王國雖然也是伊斯蘭國家，但是政府親向歐美，同時為了吸引外地人前來投資，便在西方人聚集的區域特別容許選擇性的打破戒律，所以這裡旅館林立，有酒吧，有夜生活，有電影院，有音樂表演，菜單上當然也少不了豬肉和各種酒類，儼然就是一個西方世界的娛樂場所。女人可以不用穿黑袍，不用擔心腿上哪塊肉又露出來了，男女不需要神經兮兮地保持距離，甚至可以一起坐下來把酒言歡。我們來這裡喝酒吃豬肉，在沙烏地阿拉伯偷偷交往的人則來這裡約會，已婚的人來這裡偷情，耐不住的人來這裡買春（那一陣子前來中東世界打工的亞洲女人很多，我的長相總讓我成了被懷疑的對象），並且每個外國人幾乎都試過的，在回程時順便偷渡點酒精和豬肉。於是一到週末假日，從沙烏地阿拉伯來的車輛就將兩國的邊界塞成了一團，海關前的馬路成了停車場，在尖峰時段等上兩到四個小時更是常有的事。

我們的目的地是巴林的首都麥納瑪，抵達之前，我們必須穿過幾個當地的小鎮，一路上，我看不見一面乾淨的牆，只要有建築物，就有潦草的噴漆，那顯然是巴林青年的傑作。一開始是大大的抗爭標語，一寫就寫了數公里。然後由更大更潦草的塗料覆蓋，直到看不見標語寫什麼，那是政府的試圖掩蓋。那一年是二〇一二年，一年前的二〇一一年二月，巴林在埃及、突尼西亞、敘利亞爆發中東示威潮之後，加入了阿拉伯革命的行列。身為阿拉伯世界的第一個石油開採國，巴林理當富裕無虞，沒錯，麥納瑪就像杜拜一樣，有一種海市蜃樓般的虛華景象，然而這種呈現給外國人看的幻境，一般民眾完全享受不到。巴林人民有七成都是什葉派，政權卻掌握在占少數的遜尼派手中，遜尼派和什葉派彼此看不順眼由來以久，什麼都分不到的什葉派自然非常不滿。沙烏地阿拉伯也有兩派對立的問題，只是掌權的遜尼派在沙烏地阿拉伯是多數，什葉派的數量實在太少，氣吭不出來。

一群一群，看不出來是在休息、在發呆或是思索未來的巴林青年蹲坐在路旁，他們的白袍髒汙磨損，完全不像沙烏地阿拉伯人連領子都白得發亮。安柏提起上次在巴林搭計程車的經驗。顯然是什葉派的老司機說，政府寧願把錢拿去建旅館、餐廳和酒吧等觀光設施討好外地人，卻不為自己的人民蓋醫院、學校和房舍，棄人民於不顧。當地人根本就用不到那些觀光設施，西方人的娛樂文化甚至有違伊斯蘭教義，而那些從西方人口袋裡賺來的金錢，「都是 dirty money！」老司機說。

進入麥納瑪，等於進入老司機口中充滿 dirty money 的特別區域，各種新穎、現代、富未來感（或該說奇形怪狀），與當地生活文化無關的高樓聳立在車窗外。從外觀看來，這座城市跟沙烏地阿拉伯的城市沒有什麼兩樣，但一進到建築內部，便是另外一個世界。通常在沙烏地阿拉伯推開門的那一剎那，聽到的都是小孩失控的尖叫聲，在麥納瑪推開門，聽到的卻是音樂聲、流水聲以及跳進泳池的撲通聲。我們走進一家旅館設立的露天酒吧，看見阿拉伯人正坐在那裡悠閒地抽水煙，穿著黑袍的女人在喝酒，泳池裡有幾個帥氣的西方年輕人正在游泳，他們體格健壯、頂著平頭、身上有刺青，一副就是美國第

五艦隊駐紮在這的海軍。

巴林處在沙烏地阿拉伯和伊朗兩個大油槽的中間，美國每年付大筆的錢（又是老司機口中的 dirty money）給巴林讓美軍在這裡駐紮，以掌握波斯灣中心的石油運輸海域，從這裡經過的石油，占了全球的四成。來自沙烏地阿拉伯的賓拉登因為反對美國在國內駐軍而走上恐怖攻擊，巴林王國倒是很樂意收下這筆錢，巴林的石油早已耗盡，只能像杜拜一樣轉型觀光與金融投資、拍拍外國人的馬屁。有人說，滿不在乎的沙烏地阿拉伯，遲早也會走上這一天。

實在是被悶壞了的我們，在巴林重溫了許久未有的夜生活。我們走進一家酒吧。這家酒吧看起來可以是西方世界的任何一家酒吧，台上是一個來自加拿大的樂團，台下則是滿滿的西方人，年紀輕一點的是海軍，年紀大一點的，則很有可能是來自世界各地的賽車手，因為隔天，就是國際賽車F1一級方程式巴林大賽。

美國大兵舉著酒杯搖頭晃腦，不久前，巴林警察才在街上射殺抗爭的民眾，受傷的人被送往醫院，任何搶救抗爭者的醫療人員，都會被警察送進監獄……這些事情，在麥納瑪沒有人在乎，因此巴林百姓對西方人非常失望，他們認為西方世界對巴林革命的關注不如對埃及、敘利亞和突尼西亞的革命來得多，更不用說幫助了。比起西方人，巴林百姓更恨沙烏地阿拉伯人，因為革命發生當時，這個好鄰居還派兵支援，幫忙掃射鎮壓。

夜愈深，被酒精麻醉的人玩得愈 High，一點也不受還在陸續發生的抗爭行動影響，即使巴林各地的血腥衝突愈來愈多，觀光客活動的區域依然安全無虞，因為巴林政府每天都派出更多的警力，阻擋外部的當地人進入，讓外國人在此安心玩樂。這裡也有屬於中東人的派對。在城市的另一個角落，直上電梯的九樓，穿過密室般的小門，進入一個有昏暗燈光的空間，穿著傳統長袍的阿拉伯人圍坐在一起抽著水煙，從口中吐出的白色煙霧籠罩在他們的臉上，空氣中有甜甜的果香味，一個老阿拉伯人在舞台上吟唱，搭配簡單的鼓聲與琴弦，不停地轉音，不知道要轉到哪裡去。台下的阿拉伯女人依舊蒙著臉，我們是全場唯一的外國人，而我是唯一露出赤裸肩膀的女人。穆斯林的氣勢有點嚇人，走進這樣的場合需要一點勇氣，但我們絕對不是唯一點酒精飲料的客人。

阿拉伯歌曲演唱完畢，穆斯林們上台去跳舞，男人一邊，女人一邊。男人的舞步是往前走三步，往後退三步，女人們則晃動著身體搖來搖去。夜更深時，肚皮舞女郎上場了，男人看著清涼的女孃晃動著身體，身邊坐著穿得密不透風的女伴。

28

# 受困利雅德

待在沙烏地阿拉伯的最後一年，二〇一四年的三月，我們計畫著一趟衣索比亞的旅程。那一次，安柏的假期只有一個星期，一個星期要遊歷衣索比亞實在太短了，所以我將單獨在衣索比亞多待一個星期。安柏為我即將單獨待在衣索比亞擔心不已。

從達曼到衣索比亞的班機非常糟糕，不到四小時的飛行距離被分為三段，包括在利雅德與吉達兩地長達十二個小時的等待，當然，那是因為我們只買便宜機票。我們決定乾脆改搭火車到利雅德，再從利雅德直飛衣索比亞，這意味著我回程坐飛機回到利雅德時，必須獨自從機場搭計程車到火車站，然後獨自坐火車回到達曼。安柏把我們的計畫告訴他的同事弗格斯，弗格斯告訴安柏，「我絕對不會讓自己的老婆獨自一人搭利雅德計程車。」安柏頗不以為然。弗格斯之所以這樣說，是因為他聽過女性乘客在利雅德獨自搭乘計程車被攻擊的事件，但那並不代表利雅德的每個計程車司機都是罪犯，這樣的攻擊事件也可能出現在台北，或世界上的任何一個城市。說是這樣說，安柏還是很擔心。

弗格斯來自蘇格蘭，非常具有英式幽默，幾天後，安柏跟他提及他不贊成我步行到學校附近的 Shopping Mall，因為中間必須穿過幾條高速公路，沒有人行道，也沒有斑馬線和行人交通號誌，當地人開車又很隨興，幾乎每次出門都會遇上一起小車禍，「走路去太危險了。」安柏說完，弗格斯只丟下了一句話，「不會比你把她一個人留在非洲更危險。」好了，這下子安柏心裡的陰影更加揮之不去了。

不管如何，行程照舊。

## 穿行沙漠的火車

行李在火車站過了安檢以後，男人和女人分兩處通過。女人進到一個用塑膠板隔起來的小房間，在那裡掀起面紗，讓另一個同樣帶著面紗的女人檢查面容是否與身分證上的照片相同。顯然我進到這個房間是沒有意義的，因為我沒有蒙臉，但是在這個處處充滿禁忌的國家，女人最好還是跟著女人走吧。

鐵路線全長四百五十公里，從達曼出發，中間經過兩站，終點是利雅德。火車外觀看起來非常新穎，分成ＶＩＰ、一等與二等車廂，我們買的二等車廂，已經乾淨舒適到不可思議的程度，我好奇著，頭等車廂到底毫華到什麼程度。每個車廂都有液晶螢幕，正在播放卡通《笑笑羊》。卡通很好看，卻沒有人在看，車廂裡不管大人小孩，人手一台平板電腦，即使是同一個家庭的小孩也是一人一台，大人滑完了平板改滑手機，滑完了手機改讀可蘭經。

車廂與車廂之間的通道有扇透明的自動門，上面有伊斯蘭式的幾何裝飾花紋，我們隨機走進一節車廂，看見幾個阿拉伯男人散落地坐著，其中一個人告訴我們這裡是單身男性區，家庭區要往後走。與所有的公共場所一樣，火車車廂也分成單身男人區和家庭區，單身男人只能跟其他單身男人湊著，有家庭有老婆的男人則可以跟安柏一樣，與一堆女人窩著坐。

經過單身男性車廂的時候，我看見很大一塊空間沒有設座椅，鋪上了柔軟鮮豔的地毯，很明顯的那是提供人們一天祈禱五次的地方。所有的公共場所都有這樣的祈禱空間，街上有清真寺，百貨公司也有祈禱室，什麼都沒有的時候，人們也能就著戶外草皮就地跪拜，只要看見有一人開始祈禱，另一個人就會站到他身旁加入，最後成了一整排的祈禱

隊伍，隊伍太長的時候就在他們身後站成另成一排，跟隨前排的動作，撫胸，落膝，伏臥，起身，直到成了一排一排的波浪。火車上的祈禱空間周圍有幾根圍起來的鐵條，防止正在祈禱的人在火車晃動中滾了出去。

安柏工作的達曼社區大學距離火車站很近，火車經過時，安柏對著窗外為我指出這所學校，我看見一個如同樂高積木堆起來的淺黃色建築，除了平滑的牆面與高聳的圍牆，我什麼也沒看到，安柏向我解說我沒看見的部分，有游泳池，有網球場，還有……我怎麼看都像是一座方正明亮的舒適監獄。

火車將在四個半小時之後抵達利雅德。車行不到二十分鐘，我們已經進入了無人的沙漠地帶。那是一種你可以望得很遠，除了一片平坦的黃沙，你什麼也看不到的景觀。這種景觀擁有真正的地平線，如天上月亮般跟著你如影隨形，並且很少有歪斜掉的機會。飛快的車速擾亂了空曠的空氣，黃色煙塵隨著火車行進一路揚起，一時還以為外面掀起了沙塵暴，窗外灰撲撲的一片，只有荊棘類的樹叢青春痘似的一顆一顆長在空無的黃土上，幾個小時的路上，大概就是這樣的景色，唯一的變化是偶爾出現在遠方的駱駝，乾瘦、緩慢、零零星星漫遊在這片填不滿的空白荒漠。

## 利雅德的男人城

火車在中午過後抵達了利雅德。前往衣索比亞的飛機將在隔天一早起飛，我們在利雅德的時間不多，下了計程車將行李送進旅館後，我們馬上又出了門。利雅德的景點不多，我們選了一個目的地，一個城堡，連著一個市場，旁邊則是過去用來行刑的廣場，看起來不遠，我們決定步行前往。

正午的溫度正高，外頭白花花一片。走了十多分鐘，我忽忽發現，街上沒有一個女人。男人的臉孔由巴基斯坦、阿富汗、印度與菲律賓的外地工作者所組成，他們的女眷無法跟隨於此，阿拉伯女人也不被他們的男人允許來此，從頭到尾，我是唯一的女人，而安柏是唯一有女人的男人。我們一路經過了車框店、五金店、機具店、修車行，擺在地上的男裝、男鞋，絲毫沒有粉味的蹤影。好一條陽剛大街。這種感覺非常熟悉，如同達曼被我稱為男人城的外籍勞工聚集地，利雅德也是個男人城，我們正好落腳此地。

離鄉背井的男人在擁擠的市場裡揀青菜、挑水果，男人與男人磨擦著肩膀，溢出了車道。與靠海的達曼不同，利雅德位於沙漠的深處，四周都被大漠給包圍，少了海風的洗滌，高溫的空氣彷彿不斷加重，落在皮膚上，我感到窒悶難耐，難以呼吸，走了十多分鐘，我已悶得頭發疼，更糟糕的是，我們發現走錯了路，並且口渴難耐，然而不管我們怎麼走，四周依舊是車框店、五金店、機具店、修車行。沒有餐廳、沒有便利商店、沒有任何可以逃離酷熱街頭的地方。我忽然理解了大型 Shopping Mall 在這個國家的重要性，那彷彿是一個可以滿足你任何生存需求的地方，以逃離外在世界的苛刻與殘酷。我們抵達 Shopping Mall 的那一剎那，就像是躲進了防空洞，鬆了一口氣，接下來的幾個小時，我們在商場裡喝遍了各式解渴的飲料，還是覺得渴。

晚上的天氣轉涼，我打開旅館的窗戶，望向底下黑漆漆的街道，這條街道從白天開始就濕漉漉的，到了晚上，一樣還是濕漉漉的。行經的車子輾過水灘，輪胎帶走了水，壓向更遠的地方。經過的男人跳過了水窪，卻跳不過持續單調破敗的景色。我轉頭問安柏：「如果你一個人在這裡工作，生活在這個區域，你可以撐得了多久？」這樣寂寥的異地，男人全然沒有出口。安柏吐了一口長長的煙，文不對題地說：「假如我們身在遠古世界，大概會有人從背後把我敲昏，把妳給抓走吧。」

在滿是男人的夜晚，留在旅館吃晚餐似乎是最好的點子。旅館大廳與餐廳一片昏暗，我們正好遇上晚上的祈禱時間，整個旅館冷冷清清，如同歇業。我們坐在暗處等候，看著侍者無所事事地在櫃檯後面打盹。我們沒看見幾個房客，這家旅館的侍者比房客還多。

餐廳的燈被打開後，謙恭有禮的侍者拿來一份漂亮的菜單。「一份洋蔥湯。」「抱歉沒有洋蔥湯。」「那一份鷹嘴豆湯。」「抱歉沒有鷹嘴豆湯。」「那你們有什麼？」侍者領我們到放置食物的吧檯，一一打開餐盤上面的鐵蓋子：一份不知名的湯，一份燉蔬菜，一份Kabsa（烤雞肉香料飯），打開到第四盤就沒有了。這才是他們真正的菜單。它們看起來都非常美味，我用手點了我的晚餐，一點都不困難，我只是不懂為何侍者要遞給我們菜單，又為何當我們迷失在這份漂亮的菜單無法做決定時，他仍然在一旁耐心等候，彷彿在玩一場猜謎遊戲，等著我們選中正確的餐點。

夜裡，我們在悶熱的翻覆中睡去，整夜閃電不斷，卻一滴雨也沒有下。

## 在機場咆哮的男人

早晨六點鐘，我們準時出發去機場。太陽低低垂在灰濛濛的城市上方，除了幾座用來彰顯城市地位的新穎建築高聳入天，這座城市寬廣地向遠方延伸，消失在巨大的太陽下方。前往機場的計程車筆直走在主要道路上，我們經過了這座城市最著名的地標建築國王塔

（King Tower），遠遠看來，它就像是一個巨大的開瓶器，堅決地站立在這片平坦的大地上。

在沙烏地阿拉伯航空的櫃檯前，我們準備搭機前往衣索比亞。櫃檯後方坐著一個典型的當地年輕男子，看起來吊兒郎當，但這國家肯出門工作的青年都是好青年，能讓他服務更是你的榮幸。他拿著我的護照露出遲疑的表情，「妳沒有簽證？」安柏告訴他，「我們查過了，台灣人可以在衣索比亞機場拿落地簽。」沙烏地阿拉伯人做事情丟三落四是常有的事情，我們對他的疑問不以為意。他站了起來，離開了座位。我們心想又來了，繼續不以為意地等在一旁，等他去弄清楚，結果回來的是一個稍微年長的男子，「我們確認過了，台灣人要有簽證，請你們到大使館去辦理。」

這下好了。我們想打電話到衣索比亞大使館去確認，但是當時我們沒人有智慧型手機，無法上網查詢，所以我打了台灣的急難救助電話。當時清晨七點不到，電話響了幾聲就被按掉。當天是假日，對方可能還沒睡醒。等了幾分鐘，我又打了一次。對方接了，果然聽起來睡眼惺忪。這個時候聽到有人說中文是一種救贖，對方說，他可以給我衣索比亞大使館的電話，但是這天是週末假日，大使館沒有人，「我們好幾次要去拜訪他們都不能成行，打電話給他們也是愛接不接。」聽到這裡，我的心又沉了下去。

「還是改機票好了。」不過我們不知道什麼時候可以搞到簽證，所以也不知道要改到什麼時候，何況，安柏只有一個星期的假，就算在幾天之內拿到簽證，只去個兩三天又去個什麼勁。我們呆住了，拿著行李不知道要站到哪裡去，只好找間咖啡館坐下來，好好想想該怎麼辦。

一大早起來，什麼都還沒吃，我從飢腸轆轆到完全失去了胃口。點了杯咖啡，我們在收銀檯前方坐了下來，愁眉苦臉地望著機場大廳。突然，我聽到有人在我身後大吼，回頭看，那是一個沙烏地阿拉伯人，對著收銀檯後方的工作人員發飆，那名工作人員理所當然的是外地來的勞工，顯然阿拉伯人要的東西他沒辦法給，他只是好聲好氣地解釋著，但還是不斷地被怒罵，我身後的音量逐漸增大，原本坐在隔壁桌的客人見狀趕忙離開了，我心想著，該吼的是我吧。

外地來的工作者被當成了出氣包，我們並不意外，少數當地人對於巴基斯坦、阿富汗、印度、衣索比亞，甚或菲律賓等地的外籍勞工並沒有太多的尊重，態度粗魯、沒有禮貌都是小事，罵人的常有，打人的也沒少過，被無理對待的外地工作者通常一聲也不敢吭，他們最怕的就是被遣返回國，就像我當下最怕的就是上不了飛機。

我身後的那個阿拉伯人似乎迷上了侮辱人的表演，在突來一聲的飆罵中，原來擺在櫃檯前的塑膠吸管突然飛落到我腳下，撒了滿地，我回頭看，那個外來工作者已經離開了收銀檯，那個阿拉伯人還不願意離去，打算長期抗戰下去似的，拉了把椅子在櫃檯前坐了下來，侮辱他人的同時，他也侮辱了自己。

我把注意力拉回到我們自己的問題上，在這場風暴中努力讓自己振作。我們似乎也沒有別的辦法，只能放棄這次旅行。旅行泡湯，我們坐在那間咖啡館兩三個小時，始終提不起勁回家。

## 受困的一天

再度把行李放上計程車前往火車站時，我笑了出來，想著這是多麼荒謬的旅行啊，千里迢迢來到利雅德搭飛機，卻哪裡也去不了。那個時候，我還不知道情況可以更糟。

在火車站的賣票窗口前，我們和裡面的售票員奮戰著，只為了跟他解釋我們要將預先買好的回程車票改到今天搭車。又是一個典型的沙烏地阿拉伯青年，吊兒郎當，左顧右盼，似乎不懂如何將他的注意力從遠方拉回來，一下望向他的同事，一下看著手上的紙，一下轉向身後的機器，心不在焉地看看我們，然後又開始他的神遊。這樣持續五分鐘後，我還是看不懂他在做什麼。

待在這個國家一段時間後，我們已經練出一身耐心等候不動氣的功力，我無聊地看看四周，看見一個蒙臉的女孩用手機對著我拍照，再轉回來櫃檯時，那個阿拉伯青年已經不知道神遊到哪裡去了，來了一個較年長的售票員，彷彿我們剛剛的等待都不算數，我們重新向他解釋我們只是要改車票時間。老者露出一臉驚訝的表情，「今天？沒有了。」該死的週末假日，當然沒有座位了。「明天一早呢？」我們在失望中尋找著希望，「明天只剩下最晚的一班了！」

我們做過許多的旅行，絕對沒有一次不順利到這個程度。我想起兩個月前，我才在希臘莫名其妙跌倒，在旅途中成了跛腳，休息一個多月才慢慢復原，馬年才一開始，犯太歲的我已經擋不住接二連三的壞運事，既然命運與我作對，又何必強求呢？「我們休息一晚，明天一早再搭巴士回去吧。」

我們向老者退票，老者交代給吊兒郎當的青年後就離開了。我們把居留證交給青年，青年繼續神遊，退了我的票，沒有退安柏的票。安柏跟青年解釋，說自己弄丟了票根，但是電腦有紀錄可以查，然後重新把居留證遞給青年。青年接過居留證後，開始走來走去，東摸西摸，在我們眼前裝忙。他瞎忙，我們瞎等。之後，又來了另一個售票員，我們又重新解釋了一次，才知道那位神遊的青年根本聽不懂英文，直到有人前來搭救他，也搭救了我們。

清晨五點才充滿幹勁地打包行李離開旅館，幾個小時後，我們又回到了原來的地方。旅館的人看見我們再度走進來，全都笑了出來，高高興興地收下另一晚的費用，然後猛獻殷勤，以拿取更多小費。

進到原來的房間，我癱軟地倒在沙發上，想要掙脫什麼似的，迫不及待撕開身上的黑袍。我覺得我被困住了。從達曼那所監獄移到利雅德這所監獄，我逃不出去。

敲門聲，沒等我們開門，一個印度籍的侍者走了進來。這個舉動在這個國家非常不尋常，尤其我在裡面已經脫下了黑袍。他帶了兩盒面紙進來，嘻皮笑臉的，「有需要什麼的話可以叫我，這是我的電話。」他把一張寫著他電話號碼的紙條遞給安柏，然後把他手上的兩盒面紙，放在桌上已經有了的那盒面紙旁邊。我們一臉納悶地等著他離去，沒想到他拿出了芳香劑，裝模作樣地到處噴灑，不願意離開。前一個服務人員才拿了小費剛走，我們實在不期待他的服務，倒是納悶著他還想做什麼。他變不出把戲，只好在離去前頻頻回頭，做最後的奮力一搏，他用腳踢踢其實並沒有歪掉的門墊時，我真想叫他馬上滾出去。

我們在午餐後各自疲憊地睡去，醒來時電視正在播放《冰原歷險記》，我看著樹獺昔德不停地大笑，笑完我覺得好多了。當事情壞到一個程度，你就有把它當成笑話看的能力。

我想起了早上經過的開瓶器地標國王塔，我們決定到那裡打發下午的時間。出發以前，我們先確認了裡面有 Shopping Mall，免得在這個缺乏便利性的酷熱城市挑戰一下午的熱氣、烈日與沙塵。與男人城相反，城裡的女人都出現在 Shopping Mall 內。在沙烏地阿拉伯，有些以女性商品為主的店家如髮廊、飾品店、內衣店、化妝品店等，會掛上一個「Family Only」的牌子，單身男子禁止進入。

國王塔裡的 Shopping Mall 宛若進階版，有一整個樓層擺著「男賓止步」的牌子，包含所有的餐廳、咖啡館、精品店等，全都是女性專屬的空間。因為沒有男人，女人也不再需要遮遮掩掩，吃飯的時候不需要躲進昏暗封閉的家庭區，喝咖啡的時候也可以享受看路人的樂趣，頭一次，我看見當地女人在公共空間放鬆地斜躺在長椅上，吻合她在一家咖啡館裡該有的樣子，那是我從來沒有見過的畫面。有些店家的女性店員甚至不穿黑袍，露出了她們肥肥的臂膀與渾圓的屁股。然而Shopping Mall就是Shopping Mall，雖然身在利雅德，卻有一種還在達曼的錯覺，彷彿從來就沒有離開過。

國王塔最像開瓶器的頂端部位，其實是一座稱為天空之橋的觀景台，搭電梯的時候，電梯先生擋住了單身男士，讓女人先進電梯，我們在最後一個樓層九十九樓步出電梯，腳下的利雅德平坦而方正，宛如一座一望無際的大型停車場，一格一格的街區，整齊地停放在上面。

## 女人不見了

待在利雅德的第三天早上九點，我們終於搭上了回程的巴士。巴士配有兩名司機，都是菲律賓人，其中一個在我上車的時候喚住了我，要我從前門上，並且指定了前面的座位給我們，我一看，巴士前半段都是女人，單身漢都被趕到後面、擠在巴士的後半段。為了讓男女徹底地分開坐，菲律賓司機傷透了腦筋，光是協調分配座位，巴士就晚了半小時出發。

女人彷彿是一個特殊的族群，優先進電梯、坐在巴士最好的位置、不用排隊就可以得到服務、銀行裡還有女人專用的櫃檯、Shopping Mall也有女人專屬的樓層。女人看似占盡了優勢，然而那只在看得見的地方。巴士行駛了幾個小時之後，開進了一個休息站。裡頭唯一的一間餐廳看起來又髒又舊。安柏停在門口抽菸，因為實在太熱，我二話不說就往裡面衝，看見了滿座的男人。大概是餓昏了頭，我完全沒有去想女人都到哪裡去了，點完餐，我想著該坐到哪裡去，才不會引起滿室男人的注意。一個侍者不知道跟我說了什麼，用手指了指。又來了，家庭區在隔壁。一如往常，家庭區位於一個拐彎抹角、不顯眼又封閉的地方，像是故意藏起來、不讓人找到一般。

我推開了門，沒看見女人，倒是一群蒼蠅迎面而來，地上滿是汙垢，如同一間許久沒有打掃的廁所。我繼續推開一扇包廂房門，如同推開一間廁所門，除了地上一張破舊的草席，以及因為我的打擾從草席飛起的蒼蠅，什麼也沒有。我走出了家庭區，重新關上門，決定裝聾作啞，回到單身男人區和安柏一起坐在滿滿的男人堆之中。巴士上的其他女人

似乎早已預知家庭區大門背後的景象，她們只是到隔壁的商店買了幾樣垃圾食物就回到了巴士，至少那裡有乾淨的座位。

同樣的景象發生在我身上無數次。我已經習慣看不見女人的身影，也習慣了男人統一整齊的注視目光。

巴士抵達達曼的巴士總站時，我們想著搭乘巴士前往卡達度過剩餘假期的可能性。安柏前去詢問班次與時間，我在車站大廳等候，繼續承受滿場男人的注視眼光，繼續狐疑女人都到哪裡去了，直到我前去尋找女廁，才發現了女人的蹤影。

進到女用廁所前，我必須先經過女性的候車室。女人們等候的地方空間狹小，陰暗幽閉，活像關雞的籠子，裝滿讓人想死的空氣。幾張椅子靠在牆邊，一個女人坐在上面講電話，另一個女人搖著嬰兒車，輪子

滾過從廁所流出來的水痕，讓整片地板更加濕滑。我經過她們，進了洗手間，又經過她們，回到滿是男人目光的空間。

男人只是看，並不會真正驅趕妳，我寧願待在那裡，那裡乾淨、明亮、空氣流通，是一個正常的公共空間。

## 尾聲——

所有來到沙烏地阿拉伯的外國人都有相同的處境，沒有人知道自己可以待多久，也沒有人知道你何時會離開。

朋友是支持我繼續留在沙烏地阿拉伯的力量，我們在沙烏地阿拉伯、在自己的國家、在伴侶的國家之間進進出出，但更多時候，我們就此一去不回。

我居住在沙烏地阿拉伯的三年間，看過幾個朋友的離去：泰國太太 Gope 因為擔憂兒子的教育問題與老公回到澳洲工作與生活；加拿大太太 Lindly 因為無法負擔兩個孩子就讀外僑學校的費用而與先生回到加拿大；中國太太吳敵與退休的老公到愛爾蘭偏僻寒冷的鄉間展開新生活；另一個中國太太唐唐帶著在這裡發瘋的十八歲女兒回到澳洲休養；紐西蘭太太 Fleur 為了給剛出生的女兒一個充滿自然生氣與綠意的生長環境而搬回紐西蘭；二十歲的摩洛哥太太與不忠誠的紐西蘭老公離婚，帶著一歲多的兒子回到摩洛哥娘家；來自大城市首爾的韓國太太 Kung Hee 因為不適應這裡的貧瘠生活憂鬱症復發，整天躺在床上無法下床，她的先生依照合約規定賠了兩個月的薪水帶她打道回府；哥倫比亞太太瑪麗亞因為老公長期喝私釀酒爆發猛爆性肝炎死在這裡，一個人帶著孤苦無依的慌亂心情與在這裡生活十多年的記憶回到哥倫比亞；還有日本太太 Chiaki 因為什麼原因我忘了，反正就是離開回到日本了……

我們都是短暫停留的過客，一旦走了就是永遠走了，一旦離開就是永遠的別離。當我們說再見時，我們都知道那是什麼意思，那絕對不是那種有空我再去找妳、有空再出來見面的意思。

離開的人，永遠只會加深留下來的人的孤寂。當我確定我不會再回來時，我到朋友家一一道別，我沒有哭，但是我的朋友哭了。

一個朋友告訴我，她很難跟家鄉的人形容她在沙烏地阿拉伯的生活，家鄉的人也很難理解她所面對的生活情境與困境，她告訴我，一定要把它寫出來。

此書獻給

曾經居住在沙烏地阿拉伯的女人們

Hello Design 叢書 013

蒙面女人·漂亮男人——那些三毛沒告訴你的沙漠故事

作者 林純如｜主編 CHIENWEI WANG ｜校對 SHUYUAN CHIEN ｜美術設計 陳文德｜執行企劃 劉凱瑛｜發行人 趙政岷｜總編輯 余宜芳｜出版者 時報文化出版企業股份有限公司 10803 台北市和平西路三段 240 號 3 樓 發行專線—(02)2306-6842 讀者服務專線—0800-231-705 · (02)2304-7103 讀者服務傳真—(02)2304-6858 郵撥—19344724 時報文化出版公司 信箱—台北郵政 79-99 信箱 時報悅讀網—http://www.readingtimes.com.tw ｜法律顧問 理律法律事務所 陳長文律師、李念祖律師｜印刷 勁達印刷有限公司｜初版一刷 2016 年 08 月 05 日｜初版二刷 2018 年 11 月 19 日｜定價 新台幣 350 元｜時報文化出版公司成立於一九七五年，並於一九九九年股票上櫃公開發行，於二〇〇八年脫離中時集團非屬旺中，以「尊重智慧與創意的文化事業」為信念。｜

ISBN 978-957-13-6714-9
Printed in Taiwan

蒙面女人．漂亮男人：那些三毛沒告訴你的沙漠故事 / 林純如著.
-- 初版. -- 臺北市：時報文化, 2016.08
336 面；15×21 公分. -- (Hello Design 叢書；013)
ISBN 978-957-13-6714-9 (平裝)
1. 旅遊文學 2. 沙烏地阿拉伯
735.99 105011405